HEYNE ‹

Das Buch

»Ich liebe, also bin ich« ist das Credo einer zeitgemäßen Methode der Selbstverwirklichung, die alle Menschen anspricht, die auf der Suche nach geistiger Freiheit und Autonomie, Liebe und Geborgenheit sind.
Dieses Arbeitsbuch ist die ideale Unterstützung, um die Inhalte des Standardwerks *Amo ergo sum* zu vertiefen und umzusetzen. Es begleitet den Leser in einen lebensverändernden Prozess, führt durch alle typischen Stationen der Reise zum Selbst und bietet ein Instrumentarium, das als Basis einer modernen, integralen Lebenspraxis dienen kann. Mit einer Fülle von inspirierenden Übungen, Meditationen und praktischen Anregungen weist es den Weg nach innen, in das tiefste, wahre Selbst. Indem wir dieses Selbst erkennen und realisieren, können wir unser Glück finden und dazu beitragen, eine neue Wirklichkeit zu erschaffen. Eine Wirklichkeit, die auf dem starken Fundament einer Kultur des Herzens ruht.

Die Autorin

Dr. phil. Christina Kessler ist Kulturanthropologin, Soziologin und Religionswissenschaftlerin. Ihre Reisen führten sie rund um den Globus zu den großen Gelehrten, spirituellen Meistern und Heilkundigen unserer Zeit. Sie forschte in Mexiko (Schamanismus), Ladakh (Bön und Mahayana-Buddhismus, tantrische Praxis) und Südindien (Raja-Yoga, Vedanta) mit der Zielsetzung, die Essenz der traditionellen Selbsterfahrungswege in einer modernen Form zugänglich zu machen. Daneben absolvierte sie Fortbildungen in Systemischer Familien- und Paartherapie sowie in verschiedenen Formen der Atem- und Energiearbeit.

CHRISTINA KESSLER

amo ergo sum

DAS ARBEITSBUCH

WILHELM HEYNE VERLAG
MÜNCHEN

FSC
Mix
Produktgruppe aus vorbildlich bewirtschafteten Wäldern und anderen kontrollierten Herkünften
Zert.-Nr. SGS-COC-1940
www.fsc.org
© 1996 Forest Stewardship Council

Verlagsgruppe Random House
FSC-DEU-0100
Das FSC-zertifizierte Papier München Super
für Taschenbücher aus dem Heyne Verlag
liefert Mochenwangen Papier.

Originalausgabe 12/2005

Umschlaggestaltung: HildenDesign, München
Umschlagmotiv: © Botanica/Mauritius
Herstellung: Helga Schörnig
Gesetzt aus der 10/12,5 Punkt Scala
bei C. Schaber Datentechnik, Wels
Druck und Bindung: GGP Media GmbH, Pößneck
Printed in Germany 2005

ISBN-10: 3-453-70029-5
ISBN-13: 978-3-70029-1

http://www.heyne.de

»Eine Sache ist es,
den Weg nur zu kennen,
eine andere Sache,
ihn zu gehen.«

Morpheus

Ich widme dieses Buch den Amo-Pionieren,
jenen Menschen, die von Anfang an
»Feuer und Flamme« waren und nicht müde werden,
sich wie Phönix immer wieder
aus der eigenen Asche zu erheben.

Vollkommenheit ist eine sich ständig
erneuernde Vollkommenheit.

Inhalt

Vorwort 11

Wie das Arbeitsbuch am sinnvollsten benutzt wird 12
Es war einmal 13
Eine integrale Philosophie der Liebe 16

ERSTES BUCH

Befreiung von allen geistigen Begrenzungen

Teil eins Bewusstwerdung 23

Ich bin nicht 23
Gott, Mensch und Evolution 26
Reise durch die Evolution des menschlichen Bewusstseins 27 · Ergänzende Reflexion 39
Wer sucht, der fragt 41
Die Beziehung zu »Gott« klären 42
Der Umgang mit Konditionierungen und Trennungsmustern 49
Die Technik des vollkommenen Hinterfragens 52
Die Anfänge 53
Projektion und Ego 57
Süchte und Wünsche 59

Teil zwei Reinigung 63

An der Schwelle zu einem neuen Bewusstsein 63
Loslassen 65
Körperliche und energetische Reinigung 66
Spezielle Reinigungsübungen 68
Das magische Dreieck 70 · Cleaning 73 ·
Porebreathing 74 · Schüttelmeditation 75
Die Praxis der Herzensqualitäten 76
Fehler in Tugenden verwandeln 78
Verdrängung und Katharsis 80
Kissenschlagen 81 · Dynamische Meditation 82 ·
Verbundenes Atmen 83
Der Ego-Tod 84
Hüter der Schwelle 85 · Know the Knower! 85 ·
Die klassische Meditation 87

ZWEITES BUCH

Rückverbindung mit dem wahren Selbst

Teil eins Erfahrung der Einheit 91

Ich bin das »ES IST« 91
Die mystische Erfahrung 92
Die Logik der Ganzheit – Gesetze des Kraftfelds 96
Wirkliche und wahrhaftige Non-Dualität –
Die Eine Bewegung 102

Teil zwei Das Selbst 107

Die drei Dimensionen 107
Das Hohe Selbst – Überbewusstsein 108
Wie öffne ich mich dem Hohen Selbst? 109 ·
Kommunikation mit dem Hohen Selbst 110 · Ständige
Ausrichtung 111 · Die Amo-ergo-sum-Herzmeditation 112

Das Untere Selbst – Unterbewusstsein 116
Die natürlichen Emotionen leben 118 · Vermeidung von Negativität 118 · Anbindung an das Hohe Selbst 119 · Kommunikation mit dem Unteren Selbst 120
Das Mittlere Selbst – Das Alltagsbewusstsein 122
Ins Leben tanzen 124

DRITTES BUCH

Himmel auf Erden

Teil eins Die volle Entfaltung des menschlichen Potenzials 129

Neugeburt in ein bewusstes Leben 129
Die höchste Vorstellung verwirklichen 129 · Aufmerksamkeit – Das Meisterwerkzeug 131
Achtsamkeit 132
Reines Gewahrsein 133 · Die Selbstwahrnehmung trainieren 134 · Würdigende Achtsamkeit 134 · Übung zur würdigenden Achtsamkeit 136 · Sensorische und spezielle Achtsamkeit 137 · Die große Achtsamkeitsmeditation 138
Konzentration 143
Das Ziel formulieren 144 · Ressourcen mobilisieren 145 · Den Plan anfertigen 146 · Das Ziel visualisieren 146
Imagination und Affirmation 147
Das magische Dreieck – Manifestation eines Ziels 148
Handeln 150
Das Leben in Fülle haben 151
Aktive Teilhabe 154
»Be longing« und »Belonging« 160
Eine natürliche Ethik 163

Teil zwei Die Ent-Scheidung 167

Integration der verschiedenen Selbsterfahrungswege 167
Die Wahrheit entmythologisieren 173
Sich dem Leben stellen – Das Selbstbekenntnis 177
Die Entscheidung 182
Momente der Ganzheit 185
Die totale Erfahrung des Lebens machen 190

Anhang 195

Anmerkungen 205

Amo ergo sum – Seminare und Workshops 207

Vorwort

Es ist nun drei Jahre her, dass *Amo ergo sum* mit einem ziemlich fulminanten Start in den Buchhandel kam. Offensichtlich war das Buch zum richtigen Zeitpunkt erschienen und hatte den Nerv der Zeit getroffen.

Schon bald entstand die Nachfrage nach einem entsprechenden Arbeitsbuch. Auch wurde ich in meinen Seminaren und Workshops immer wieder gebeten, die auf der Basis von *Amo ergo sum* entwickelten Übungen, Meditationen und praktischen Anweisungen aufzuzeichnen. Auf jenen Wunsch hin entstand dieses Buch. Sein Anliegen ist es, die typischen Stationen der Reise zum Selbst praktisch nachvollziehbar darzustellen und ein ausgewähltes Instrumentarium anzubieten, das als Basis einer modernen, integralen Lebenspraxis dienen kann: klassische Methoden in neuer Form. Es soll den Leser in einen lebensverändernden Prozess begleiten, der das gesamte Spektrum des Seins zu entdecken, zu erschließen und zum Ausdruck zu bringen ermöglicht.

In Anlehnung an *Amo ergo sum* ist auch das vorliegende Buch nach dem Vorbild eines *Rite de passage* – eines Übergangsrituals – aufgebaut und folgt der Symbolik des Phönix-Mythos. Der »Feuervogel« ist einer der ältesten Archetypen der Welt, ein universelles Symbol für die Transformation des Selbst. Wie wir wissen, stirbt das alte Ich des Phönix durch das Feuer. Zu Asche geworden, taucht er in den Bereich der Todes-Leere ein, wo ihm das Wesen des Seins und die Ordnung der Dinge offenbart wird. Am dritten Tag erhebt er sich in neuer Gestalt zum Licht der Sonne. Er hat seine wahre Identität gefunden.

Gemäß der mythischen Vorlage wird im Arbeitsbuch der Prozess der Selbstrealisation in seinen typischen Etappen erschlossen und durch entsprechende Übungen erfahrbar gemacht. Die erste Etappe besteht in der Loslösung von blockierenden Denk- und Verhaltensmustern. Dann führt der Weg nach innen, in unsere Mitte, unser Herz, an jenen Ort, an dem sich alle Facetten unseres Selbst vereinen. In der dritten Phase schließlich erfolgt die »Auferstehung« zu einer neuen Wirklichkeit – einer Wirklichkeit, die wir nun nach unseren höchsten Vorstellungen selbst gestalten können.

Wie das Arbeitsbuch am sinnvollsten benutzt wird

Liebe Leserin, lieber Leser,
nach der gründlichen Lektüre von *Amo ergo sum* empfehle ich dir, das vorliegende Buch systematisch von Anfang bis Ende in der angegebenen Reihenfolge durchzuarbeiten. Es ist tatsächlich ein Arbeitsbuch und kein Lesebuch. Die wesentlichen Inhalte von *Amo ergo sum* sind in übersichtlichen Passagen als Merksätze festgehalten. Einige Übungen sind dir schon bekannt, werden der Vollständigkeit halber aber noch einmal aufgeführt. Sie führen dich durch die wichtigsten Phantasiereisen und Meditationen.

Wer nur lesen möchte, ohne die Übungen zu machen, bringt sich um die wichtigsten Erkenntnisprozesse. Lass dir daher Zeit, gehe gewissenhaft vor und folge deinem eigenen Rhythmus. Koste jeden einzelnen Happen der Transformation aus. Schmecke das Neue, taste dich liebend an die Wahrheit heran, atme die neu entdeckten Facetten deines Wesens ein. Dehne dich in die Freiheit aus.

Nach dem ersten vollständigen Durchgang empfehle ich dir, im weiteren Verlauf jeweils *das* Thema herauszugreifen, welches mit deinem gegenwärtigen Leben am meisten zu tun hat. Wiederhole die dazugehörenden Übungen regelmäßig über einen längeren Zeitraum hinweg, bis die damit verbundene Aufgabenstellung integriert ist. Ich rate dir auch, eine Arbeitsmappe und ein Tagebuch anzulegen.

Obwohl die genaue Befolgung der Anweisungen und Methoden zu Beginn sehr hilfreich ist, wirst du feststellen, dass du mit der Zeit immer weniger Techniken benötigst – ja, dass der Inhalt ehemaliger Übungen allmählich zu einer *Lebenshaltung* wird. Daran zeigt sich, dass Methoden nicht mit der eigentlichen Praxis verwechselt werden dürfen. Sie sind lediglich *Werkzeuge* für den praktischen Weg. In der Literatur finden wir oft das Bild von Fluss, Boot und Bootsführer. Der Fluss ist der vorgezeichnete Weg, die Methoden stellen das Gefährt dar, und wir selbst sind der Kapitän. Ob die Methoden tatsächlich ein Resultat bringen oder nicht, hängt hauptsächlich von der inneren Einstellung des Bootsführers ab. Diese muss aus dem Herzen kommen. Werden die Übungen nur halbherzig ausgeführt oder vorschnell links liegen gelassen, dann wirst du wahrscheinlich auf halber Strecke hängen bleiben. Wenn eines Tages das andere Ufer erreicht ist, kannst du das Boot jedoch ruhigen Gewissens zurücklassen. Dann hat es seine Funktion erfüllt. Du bist an deinem Ziel angekommen.

In *Amo ergo sum* und auch in meinem neuen Buch *Herzensqualitäten* habe ich mich, abgesehen von einer einführenden Vorstellung, mit persönlichen Schilderungen zurückgehalten. Mit Absicht: Ich wollte die innere Stimme zur Sprache kommen lassen, jene Stimme, die in jedem von uns spricht. Es ging um die Essenz und nicht um Persönliches. Im Arbeitsbuch möchte ich meine Erfahrungen mit dir teilen, um dir zu zeigen, dass Selbstrealisation heute wirklich für alle Menschen möglich ist, die den Weg der Liebe zu gehen bereit sind. Wenn ich es geschafft habe, dann schaffst du es auch!

Es war einmal

Vor vielen Jahren hatte ich einen Traum, der die Geschichte meiner inneren Transformation in allen Details vorwegnahm und den ich hier, sozusagen als persönliche Entsprechung zum Phönix-Mythos, erzählen möchte. Es würde den Rahmen sprengen, die vielen Einzelheiten aufzuzeigen, deren Bedeutung ich oftmals erst verstand, als sie tatsächlich eingetroffen waren. Ich möchte mich damit begnügen zu sagen, dass sich in meinem späteren Leben alle Etappen in genau der Form und Folgerichtigkeit vollzogen, wie ich es symbolisch »vorhergesehen« hatte.

Der Traum begann in einem schäbigen Zimmer, dessen Tapeten und Teppichboden an die 60er Jahre erinnerten. Ich wollte gerade zum Telefonhörer greifen, um einen Zahnarzttermin wegen eines entzündeten Backenzahns zu vereinbaren. Die heftigen Schmerzen mischten sich mit einem Gefühl des Alleinseins. Obwohl ich anscheinend hier wohnte, fühlte ich mich in diesem Ambiente, das so gar nicht zu mir passte, fremd, abgeschnitten, unsicher und elend. Ich hatte Heimweh.

Die nächste Szene führte mich in den Keller des Gebäudes. In seinen modrigen Gewölben türmten sich riesige, von Spinnweben verhängte Kisten mit rostigen Schlössern und Nägeln. Ein innerer Impuls drängte mich, das alte Gerümpel zu inspizieren. Und ich begann – wer weiß wie viele Tage – im staubigen Inhalt der Kisten zu kramen, fasziniert von den Funden und doch zutiefst überzeugt davon, dass dieser gesamte Ballast radikal entsorgt werden müsste.

Als ich mich entschlossen hatte, alles, aber auch wirklich alles auf den Müll zu befördern, und gerade mit dem Ausmisten anfing, erbebte die Erde. Die Mauern gerieten ins Wanken und stürzten über mir zusammen. Durch die Staubwolken drang Feuer, und seine Flammen rafften in Sekundenschnelle dahin, was vorher bestanden hatte – meine Vergangenheit, mein Hab und Gut, ja, sogar meine Gedanken, meine Identität. Ich wusste nicht mehr, wer ich bin und wo ich war.

Plötzlich fand ich mich an der Seite des Zahnarztes wieder, den ich von meinem Zimmer aus angerufen hatte. Beschützend legte er seinen Arm um mich und forderte mich auf, ihm zu folgen. Ich vertraute mich seiner Führung an, und wir machten uns auf den Weg. Ich hatte keine Ahnung, wohin er mich bringen würde.

Tagelang wanderten wir durch eine tonlose, zeitlose, im Nichts untergegangene Welt, bis wir zu einer modernen Großstadt kamen. Sie schien völlig verlassen und strahlte eine durchdringende Kälte aus. Das Gebäude, in das ich nun gebracht wurde, war dagegen mit

Menschenmassen überfüllt. Alle Stadtbewohner mussten sich hier versammelt haben. Wozu? Wie sich herausstellte, befand ich mich am obersten Gerichtshof der Stadt, und es sollte ein Prozess dort stattfinden. Mein Gott, ich selbst saß auf der Anklagebank! Was hatte das alles zu bedeuten? Aktenberge türmten sich vor mir auf, hallende Stimmen drangen in mein Ohr, und Tausende von Zeigefingern waren wie Giftpfeile auf mich gerichtet: »Du bist angeklagt ... Wir klagen dich an ... Du bist schuldig ... du ... du ...«

Gerade wollte ich unter der Wucht der Anschuldigungen zusammenbrechen, als ein entschiedenes Ja in mein Bewusstsein drängte. Dieses Ja war meine Rettung. Ich spürte, wie es sich in meinen Zellen ausbreitete und ich mit einem Mal völlig wach war. Ich fühlte, wie es mir den Rücken stärkte – dieses Ja. »Ja, ich bin, wie ich bin. Ich bin die, die ich bin.« Vollkommen wach und aufrecht stand ich da. Die auf mich gerichteten Beschuldigungen schienen an einem unsichtbaren Schild abzuprallen. Ich stand da, ehrlich, wahrhaftig. Ich fühlte mich nackt, aber schämte mich nicht. Es gab nichts mehr zu verbergen.

In diesem Augenblick geschah etwas Außerordentliches. Die kalten Häuserfassaden bekamen Risse, begannen zu bröckeln, krachten in sich zusammen. Aus den Fenstern flogen Kühlschränke in den Himmel, wie von einer magnetischen Kraft angezogen. Es war eine Freudenexplosion, die eine schöne, wundervolle Welt zum Vorschein brachte, in der alles grünte und blühte, duftete und sang wie am ersten Morgen der Schöpfung.

Ich selbst fand mich in einem weitläufigen, hellen und klar strukturierten Raum im obersten Stock eines Hochhauses wieder, in einer hochmodernen, aber schönen, harmonischen Stadt. Meine Familie saß vertraulich am Tisch. Der Zahnarzt stand am Fenster und schaute auf das Lichtermeer hinab. In der Luft lag ein tiefes Ein-Verständnis – mit ALLEM.

Eine integrale Philosophie der Liebe

Wir leben in jener höchst wundervollen Epoche,
in der Spiritualität in einer Weise ins Leben integriert wird,
wie dies niemals zuvor der Fall war. Sie wird sozusagen
unter wissenschaftliche Beobachtung gestellt.
Die Frage ist, ob spirituelle Werte der wissenschaftlichen
Prüfung standhalten können oder nicht.
Die Antwort ist: Solche Werte haben *sich bereits*
als enorm effektiv erwiesen.

PETER FENWICK

Amo ergo sum ist eine integrale Philosophie der Liebe.

Wenn wir von einem integralen Ansatz sprechen, so meinen wir damit in erster Linie einen verbindenden Ansatz – einen Ansatz, der verbindet, was vorher getrennt war. Ein solcher Ansatz ist interdisziplinär, religions- und kulturübergreifend, weltzentrisch, ja, mehr noch kosmozentrisch. Das heißt: Er betrachtet Details – das Einzelne, Individuelle – stets im Zusammenhang mit dem Ganzen. Er verbindet Religion und Wissenschaft, jene beiden Bereiche, die seit der Aufklärung strikt voneinander getrennt wurden. Religion wird hier jedoch vor allem im Sinne von *religio,* der religiösen *Erfahrung* verstanden.

Gegenwärtig befinden wir uns in einem Paradigmenwechsel, der zunehmend in ein integrales Bewusstsein führt. Unsere bisherigen Überzeugungen und Denkmodelle sind für die moderne, komplexe Welt zu einseitig geworden. Sie drängen nach Erweiterung und Integration – nach Integration der verschiedenen Weltkulturen und Religionen, nach Integration von Geist und Materie, von Gott und Mensch. Sie verlangen nach neuen, globalen Werten, die von allen Menschen – egal welcher Herkunft, Rasse und Kultur – gemeinsam anerkannt werden können. Diese Werte dürfen nicht länger von außen oktroyiert werden. Vielmehr müssen sie aus dem Innersten des Menschen kommen, von dort, wo wir alle eins sind: aus dem

Herzen der Menschheit, aus dem wahren Selbst. Heute darf das Privileg der Selbstrealisation nicht mehr nur einer Handvoll Auserwählter vorbehalten bleiben, sondern muss allen Menschen offen stehen. Erst dann können wir gemeinsam den Weg in eine neue Wirklichkeit gehen.

Außerdem *verlangt* unsere Zeit regelrecht nach einem Bewusstsein, das Selbstrealisation und wirkliche Verantwortung möglich macht. Denn das Leben auf der Erde ist auf allen Ebenen aus dem Gleichgewicht geraten. Zudem hat es eine Beschleunigung erfahren, die uns in wachsende Orientierungslosigkeit treibt und uns zu blinden Opfern von Manipulation und subtiler Ausbeutung werden lässt. Unsere Welt befindet sich in einem tief greifenden und rapiden Wandel, den wir nur bewältigen können, wenn wir in unsere eigene unwandelbare Mitte zurückkehren und uns in unserer wahren Identität verankern.

Dorthin gibt es nur *einen* Weg: die Liebe – Liebe in ihrer höchsten Form als Bewusstseinszustand und Lebenspraxis zugleich. Nur dieser Weg führt nach innen, in das tiefste Selbst, in die Wahrheit.

Wie alle integralen Ansätze setzt auch *Amo ergo sum* das eigentliche Ziel voraus und stellt es an den Anfang: die Erkenntnis eines universellen Bewusstseins, das individuell erfahren werden kann. Das Phänomen der »Erleuchtung« ist somit die Grundlage einer jeden integralen Weltanschauung. Alle diese Ansätze gehen von einer ewig gültigen Wahrheit aus. Sie besagt, dass sämtliche Formen der Existenz miteinander verbunden sind, weil sie den gleichen Ursprung haben: einen ungeteilten geistigen Wesensgrund, der als Träger der kosmischen Ordnung alles umfasst und alles durchdringt und daher unvergänglich und unveränderlich, ewig ist.

Im Mittelpunkt steht die Verwirklichung der Wahrheit – genau hier, genau jetzt, direkt in unserem Alltagsleben. Selbstrealisation bildet seit jeher den Kern der spirituellen und philosophischen Traditionen. Es ist das Grundanliegen des Menschen, wie Swami Vivekananda sehr treffend zum Ausdruck bringt: »Wir alle wissen ganz genau, dass uns nichts zufrieden stellen wird, bis wir die Wahrheit in uns selbst verwirklicht haben. Wie viel wir auch argumentieren mögen, wie viel wir auch hören mögen, es wird uns nur eine einzige Sache zufrieden stellen, und das ist unsere eigene Verwirklichung; und solche Erfahrung ist jedem von uns möglich, wenn wir es nur versuchen.«

Doch im Gegensatz zu den traditionellen Erleuchtungswegen kann der Weg heute einfach sein. Das Bewusstsein des Menschen ist wesentlich weiter entwickelt als vor 2000 Jahren. Durch das vergleichende Studium der Traditionen und durch die Zusammenschau mit den Erkenntnissen aus Naturwissenschaften, Bewusstseinsforschung und Psychologie lässt sich die Praxis erheblich verkürzen, verfeinern und erleichtern. Dadurch verliert sie das Dogmatische, Mythische und Rituelle. Sie wird zu etwas Selbstverständlichem. Eine solche Lebenspraxis hat nicht den leisesten Hauch von Abgehobenheit, Scheinheiligkeit oder Rückständigkeit. Im Gegenteil ist sie höchst modern, ja, sie ist der Fortschritt überhaupt. Sie kann überall benutzt werden, ohne exotisch oder »esoterisch« anzumuten.

Es ist meine tiefe Überzeugung, dass wir Wahrheit und Liebe nur erfahren werden, wenn wir sie *leben*. Daher stellt für mich das gewöhnliche Leben den idealen Schauplatz spiritueller Praxis dar. Für den Phönix geht es darum, sich auf *beiden* Schwingen ins Licht zu erheben. Dazu benötigt er den materiellen und den spirituellen Flügel gleichermaßen. Wird einer zugunsten des anderen vernachlässigt, so wird das Leben in einer Richtung übertrieben und damit unnatürlich. Die Vernachlässigung der materiellen Existenz hat Abhängigkeit zur Folge. Die Vernachlässigung des Spirituellen führt in die Sinnentleerung und damit in dauerhafte Unzufriedenheit. Um ganze Menschen zu werden, gilt es beide Seiten ins Gleichgewicht zu bringen und alles, was uns begegnet, als Teil unserer Selbstrealisationspraxis zu betrachten.

Gebote und Verbote, Dogmen und Idole gehören der Vergangenheit an. Gott, GEIST oder das kosmische Bewusstsein, wie immer wir es nennen mögen, ist unmittelbar präsent und kann daher von jedem jederzeit erfahren werden. Heute können wir all die Klischees abwerfen, die wir mit dieser Erfahrung assoziieren und die uns deshalb den Blick auf die Wahrheit versperren.

Letztendlich ist Liebe eine Lebenshaltung, die auf dem Wissen um die Einheit allen Seins beruht, auf der Überzeugung, dass Trennung eine Illusion ist. Liebe als das Prinzip und die Kraft der Verbindung ist sowohl Richtschnur als auch Werkzeug. Die Praxis der Liebe erfordert zwar ständige Aufmerksamkeit und Verantwortungsbereitschaft, aber keinen zusätzlichen Zeitaufwand. Selbst der beschäftigtste Mensch kann diesen grundlegend transformierenden Weg in sein tägliches Leben integrieren.

In *Amo ergo sum* geht es um die Befreiung von allen geistigen Begrenzungen, um Rückverbindung mit unserem – genialen – Wesenskern, um die volle Entfaltung des individuellen Potenzials. Es dreht sich um Bewusst-Werdung, Bewusst-Sein und bewusstes, selbstverantwortliches Handeln. Letztendlich geht es um Heilung im Sinne von Ganzwerdung.

Im Prozess der Selbstrealisation finden wir die Antwort auf den Sinn der Existenz, auf die Ursehnsucht der Seele nach Vollkommenheit. Wir erlangen Meisterschaft über das eigene Leben.

Es geht schlicht und einfach darum, das Beste aus unserem Menschsein zu machen.

Erstes Buch

Befreiung von allen geistigen Begrenzungen

Teil eins **Bewusstwerdung**

Ich bin nicht ...

Jeder, der sich für Selbstverwirklichung interessiert, beginnt mit ganz bestimmten Fragen: Wer bin ich? Wo gehöre ich hin? Was ist Gott? Was ist der Sinn des Lebens? Es sind die existenziellen Grundfragen, die am Anfang jedes Selbstrealisationsprozesses stehen.

Ich möchte dir vorschlagen, diese Fragen einmal andersherum zu formulieren: Wer bin ich *nicht*? Wo gehöre ich *nicht* hin? Was ist Gott *nicht*? Was ist der Sinn des Lebens mit Sicherheit *nicht*?

Mit diesen Fragen ersparst du dir nicht nur eine Menge Umwege und neue Illusionen, sondern erfährst einen weiteren, ungeahnten Vorteil: Du steigst mitten in die Thematik ein!

In meinem eigenen Leben und vor allem in meiner Arbeit haben sich diese Fragen als die intelligentesten und konstruktivsten erwiesen, die es überhaupt gibt. Wie du im Verlauf des Arbeitsbuches sehen wirst, sind dies auch die radikalsten Fragen, denn sie gehen buchstäblich aufs Ganze. Sie erlauben keine Ausflüchte oder Beschönigungen mehr, sondern konfrontieren dich direkt mit dem, was tatsächlich *ist*.

Unser wahres Selbst, unsere *Buddha*natur, *Atman*, die leuchtende *Schechina*, unser Gottselbst, das ursprüngliche Gesicht, wie es in den verschiedenen Traditionen genannt wird, ist im Allgemeinen von einer Vielzahl fremder Schichten überlagert – von allem Möglichen, das gar nichts mit uns zu tun hat, mit dem wir uns aber dennoch identifizieren. Diese Schichten bilden energetische und mentale Verhärtungen und können zu undurchdringlichen Panzern werden. Sie stellen Blockaden dar, die unsere Gefühle und unser Verhalten beeinflussen und unsere Handlungen von vorneherein in eine falsche Richtung lenken. Sie trennen uns von unserem eigentlichen Wesenskern und von der Wahrheit ab. Dazu gehören:

- Prägungen aus frühester Kindheit und vorgeburtlicher Zeit;
- Verletzungen und Traumata, die sich oft schon sehr früh im Leben ereignen und den idealen Nährboden für Ängste darstellen;
- Überzeugungen und Glaubensmuster. Sie werden von Eltern, Familie und Sippe übernommen und oftmals über Generationen hinweg tradiert. Auf diese Weise reifen sie zu einem regelrechten Familienkarma heran, welches nicht nur das Schicksal des Einzelnen, sondern das gesamte Familiensystem beherrschen kann;
- Erziehungsinhalte, die durch Lehrer, Schule, Ausbildung etc. übertragen und verinnerlicht werden;
- eigene Erfahrungen, die durch ein fremdes Interpretationsraster gefiltert werden, indem wir uns beispielsweise von den Ratschlägen anderer beeinflussen lassen;
- Gewohnheiten, Neigungen und Süchte, oft entstanden als Kompensationsstrategien zum Ausgleich tiefer liegender Unerfülltheit oder einer unbefriedigenden Sinnsuche;
- und wer an Reinkarnation glaubt, für den kommt noch die gesamte Palette der unverarbeiteten Einprägungen früherer Existenzen dazu.

Seltsamerweise entwickeln sich nur wenige dieser Überzeugungen aus unserer eigenen authentischen Erfahrung heraus. In den meisten Fällen werden sie durch andere Menschen auf uns übertragen: durch Eltern und Lehrer, gesellschaftliche und religiöse Autoritätspersonen, Idole und Vorbilder. Solche Menschen fungieren als Überträger *kultureller Glaubensinhalte.*

Eine Kultur definiert sich durch ein spezifisches Denkmodell oder Paradigma, das wiederum für die Identität der Menschen bestimmend ist. Wie seine Vorfahren und Urahnen wird jedes Individuum in eine bestimmte Kultur hineingeboren und durch deren Denkmuster konditioniert. Die meisten Menschen identifizieren sich so stark mit diesen kulturellen Inhalten, dass sie nicht einmal auf die Idee kommen, sie zu hinterfragen.

Aber genau diese Denkstrukturen und Glaubensmuster sind es, die zunächst unsere Wahrnehmung, dann unsere individuellen Reaktionen und schließlich die Interpretation unserer Erfahrungen bestimmen. Das bedeutet: Wir sehen die Welt nicht so, wie sie wirklich ist, sondern wie wir sie zu sehen konditioniert sind. Zu mehr als 80 Prozent ist unsere Persönlichkeit das Produkt kultureller Konditionierungen! Um es noch drastischer auszudrücken: Wir alle unterliegen einer Art Fremdbestimmung, hervorgerufen durch Kultur und Religion, durch unser Wertesystem und natürlich durch das kollektive Bewusstsein der Evolutionsstufe, auf der wir uns befinden.

Diese Erkenntnis ist neu. Sie konnte sich erst in einer Ära entwickeln, in der sich die Völker dieser Erde vernetzten und ein Vergleich der verschiedenen Kulturen möglich wurde. Mehr noch: Eine solche Anschauung kann nur auf der Basis eines *wertfreien* Kulturvergleichs entstehen. Wertfreiheit wiederum wird erst möglich, wenn man sich von den gängigen ethnozentrischen Überzeugungen verabschiedet hat, dass »unsere« Kultur die bessere und »unser« Denken das einzig wahre sei.

Solange wir uns ausschließlich auf Unterschiedlichkeiten konzentrierten, blieb uns auch die Erkenntnis der universellen Gemeinsamkeiten versagt. Sie allein ist dazu geeignet, Fragen zu beantworten wie: Was ist ewig gültige Wahrheit, und wobei handelt es sich um geistige Konstrukte des Menschen? – Fragen, die uns helfen können, 80 Prozent unserer geistigen Begrenzungen aufzudecken.

In den folgenden Kapiteln werden wir die verschiedenen Schichten abtragen, die unseren Wesenskern überlagern. Wir beginnen mit den kulturellen Konditionierungen und gehen dann zu den persönlichen Mustern über. Dabei wirst du schon einige der wichtigsten Werkzeuge der Selbstrealisation kennen lernen.

Stell dir vor, du wärst ein Archäologe und sollst eine versunkene Stadt freilegen, in der ein sagenhafter Schatz verborgen liegt. Die Reise zum Selbst ist nicht minder spannend. Und der Schatz, den es dort zu entdecken gibt, ist unendlich viel wertvoller.

Gott, Mensch und Evolution

Gott, das Selbst, Wahrheit und Wirklichkeit sind also die zentralen Begriffe, um die das Thema Selbstrealisation kreist. Niemand kommt um deren Klärung herum, der Erleuchtung erfahren möchte.

Zu dieser Klärung soll die folgende Phantasiereise[1] beitragen. Es ist eine Reise durch die Evolution des menschlichen Bewusstseins. Sie führt uns imaginativ durch die drei großen Paradigmen der Geschichte: das archaische Paradigma, das Matriarchat und das Patriarchat.

Ich möchte vorausschicken, dass sich die Übung nicht an genauen historischen Verhältnissen orientiert und keinen Anspruch auf Wissenschaftlichkeit erhebt. Sie zielt vielmehr darauf ab, kollektive Denk- und Gefühlsmuster bewusst zu machen, die in den Tiefen des Selbst noch wirksam sein können.

Darüber hinaus soll sie unseren Sinn für Evolution schärfen. Gemeint ist jedoch nicht die biologische, sondern die Evolution des menschlichen Bewusstseins. Der Evolutionsgedanke ist ein wesentlicher Faktor in den neuen spirituellen Schulen und hat die Auffassung von Spiritualität zum Teil erheblich verändert. Alle integralen Richtungen – von Sri Aurobindo bis Ken Wilber – arbeiten auf der Basis der Evolution. Andrew Cohen prägte dafür den Ausdruck »evolutionary enlightenment«. Ein weiteres, von Jean Gebser formuliertes Postulat dieser Evolutionstheorien besagt, dass die Entwicklung des Individuums von der Kindheit bis zur Reife den Evolutionsstadien der Menschheit entspricht.

Die Phantasiereise soll außerdem dazu verhelfen, große zeitliche und räumliche Perspektiven einnehmen zu lernen und die kosmischen Archetypen von Kind, Mutter und Vater in sich zu entdecken. Und vor allem möchte sie dazu anregen, Kontakt mit der Sehnsucht nach Vollkommenheit aufzunehmen!

Die Übung dauert circa 45 Minuten. Vor dem Beginn suche dir einen geeigneten Platz, an dem du längere Zeit sitzen kannst. Dir steht wirklich eine lange Reise bevor! Mach die Übung nur, wenn du hellwach bist. Lies die Worte aufmerksam durch und lass sie auf dich wirken, achte auf deine Gefühle und Empfindungen. Und vor allen Dingen: Beobachte dich selbst. Beobachte, an welchen Stellen du besonders interessiert bist und an welchen Stellen du aussteigst oder müde wirst. Alle diese Reaktionen haben etwas mit dir zu tun und können dir wertvolle Auskünfte über dich selbst geben.

Imaginationsarbeit gehört zu den ältesten Methoden der spirituellen, esoterischen und psychologischen Schulen. Ihre Tradition reicht vom Schamanismus bis zu den modernsten Formen des Mentaltrainings, wie zum Beispiel dem NLP (Neurolinguistisches Programmieren).
Bei den Phantasiereisen handelt es sich um eine Variante, die von zwei wesentlichen Annahmen ausgeht:

1 ***Informationen gleich welcher Art gehen nicht verloren, sondern bleiben in einem kollektiven Gedächtnisspeicher erhalten.***
2 ***Das Individuum hat Zugang zu diesen Informationen durch sein eigenes Unterbewusstsein, dessen hauptsächliches Werkzeug die Sinneswahrnehmung ist.***

Daher sollen die spezifischen Situationen so intensiv wie möglich und unter Einbeziehung aller Sinne imaginiert werden. Wem es gelingt, die Szenen nicht nur vor sich zu sehen, sondern sie tatsächlich zu schmecken, zu hören, zu riechen und zu tasten, wird sein Unterbewusstsein (Unteres Selbst) stark aktivieren und zur Mitarbeit anregen.

Reise durch die Evolution des menschlichen Bewusstseins

ÜBUNG Ich möchte dich nun auf eine Reise einladen, auf eine große, lange Reise; eine Reise, die dich nicht nur durch die gesamte Menschheitsgeschichte führen wird, sondern auch durch die Entwicklung deines eigenen Bewusstseins. Denn du wirst

ÜBUNG

sehen, dass jeder Mensch von seiner Geburt an die gleichen Entwicklungsstadien durchlebt, wie auch die Menschheit als riesiger Organismus sie durchwandert.
Dein Verständnis für den großen sinnhaften Zusammenhang wird sich vertiefen, und du wirst nach dieser Reise sehr viel mehr verstehen können: über die Welt und ihre Menschen – und über dich selbst.

Nimm eine bequeme Sitzhaltung ein und sieh zu, dass du in dieser Position die folgenden 45 Minuten tatsächlich ohne Verkrampfungen bleiben kannst. Richte deine Aufmerksamkeit auf den Atem, auf das Einatmen und das Ausatmen. Stell dir vor, dass du beim Ausatmen alles abgibst, was du im Augenblick loslassen möchtest: alle Unruhe und Hektik, alle Gefühle, die du jetzt nicht gebrauchen kannst. Atme alles aus und werde ganz leer. Die Gedanken ziehen vorbei wie Wölkchen am Horizont, aber du schenkst ihnen keine Beachtung. Du lässt sie einfach an dir vorbeiziehen. Gefühle tauchen auf. Du lässt sie da sein, aber hältst sie nicht fest.
Mit dem Ausatmen gibst du auch alle körperlichen Spannungen ab. Alle Muskeln, alle Nerven lassen los. Spür aufmerksam in deinen Körper hinein. Lasse los. Mit jedem Ausatmen entspannst du ein wenig mehr. Du bist vollkommen entspannt.

Nimm ein paar tiefe Atemzüge und mache es dir in dir selbst bequem. Mit jedem Atemzug versetzt du dich nun aus der Gegenwart, dem Hier und Jetzt, aus diesem Raum hier, ein Stück weiter zurück in die Geschichte der Menschheit – bis zu ihren Anfängen ... Fühle dich wie in einer Zeitmaschine ... Lass dich entführen in Welten und Zeiten, die – als kollektiver Traum – in den Tiefen deiner eigenen inneren Welt auch heute noch vorhanden sind und dort unauslöschliche Spuren hinterlassen haben. Lass dich überraschen, was an Erinnerungen zu Tage tritt, was aus den Tiefen dei-

ÜBUNG

nes Gedächtnisses auftaucht, an Empfindungen und Erlebnissen, an Fähigkeiten, vielleicht an Möglichkeiten, an Neugierde. Nimm die verschiedenen Perspektiven wahr, aus denen du die Welt und dich selbst erlebst. Nimm wahr, auf welche Weise du in den verschiedenen Stadien deine Beziehungen zu anderen erlebst, auf welche Weise du deine Probleme bewältigst, auf welche Weise du Genuss und Freude, aber auch Schmerz, Verletzung und Trauer empfindest. Nimm wahr, wie du dich weiter entwickelst und was in jeder Etappe für dich wichtig ist – was du spüren kannst in Bezug auf deine Umwelt, in Bezug auf Gott und die Götter, in Bezug auf Wahrheit und Wirklichkeit. Nimm wahr, wann dein Energiepegel steigt und bei welchen Vorstellungen er sinkt. Bis heute war alles nur ein Traum, den du träumtest. Der gesamte Menschheitstraum ruht in deinem Herzen und wartet darauf, entdeckt zu werden, um dir seine Geheimnisse zu enthüllen.

Ein tiefer Atemzug bringt dich nun ganz an den Beginn des Mensch-Seins. Du bist ein Urmensch. Gerade hast du einen riesigen Evolutionssprung geschafft: Du hast dich von einem Menschenaffen zum Urmenschen entwickelt. Du hast dein Fell verloren, kannst auf beiden Beinen stehen, bist nackt und verwundbar.
Die Natur ist dein Zuhause, und sie schenkt dir Nahrung: wild wachsende Pflanzen und Früchte, Insekten und andere kleine Tiere. Und du isst sie dort, wo du sie gerade findest. Deine Kiefer sind vorgeschoben, dein Körper erinnert noch an den eines Affen, und du schmatzt laut und voller Genuss. Deine Sinne sind ausgeprägt. Du riechst an deiner Nahrung, ob sie genießbar ist oder nicht; du witterst die Gefahr, die von wilden Tieren droht, und du riechst auch das Weibliche oder das Männliche. Bei Sonnenuntergang suchst du Zuflucht unter schützenden Bäumen und Sträuchern. Dort schläfst du eng aneinander gekuschelt mit deiner Horde, von der du dich nur selten trennst, bis

ÜBUNG

dich die ersten Sonnenstrahlen aufwecken und ein neuer Tag erwacht.

Allmählich entwickelst du dich weiter in eine ursprüngliche Intelligenz hinein. Du beginnst, deine Umwelt zu entdecken, wirst anpassungsfähig und erfinderisch. Du entwickelst Sprache und stellst aus den Gaben der Natur erste Werkzeuge her, die dir deine Umwelt zu gestalten und größere Tiere zu erlegen erlauben. Auch der Unterschied von Mann und Frau ist für dich ein wenig differenzierter geworden. Dir ist bewusst, dass Frauen Kinder gebären und lange Zeit an ihrer Brust nähren. Und für dich ist klar: Frauen haben zu ihren Kindern ein engeres Verhältnis als Männer, Kinder gehören zu den Frauen. Der Beitrag des Mannes zum Erzeugen neuen Lebens ist dir nicht bewusst. Den Zusammenhang zwischen Zeugung und Geburt kennst du nicht.

Inzwischen gibt es auch eine Art Arbeitsteilung zwischen Männern und Frauen. Die Männer mit ihrer größeren Körperkraft gehen zum Jagen, die Frauen beschäftigen sich mit dem Sammeln von Pflanzen, Früchten und Kleintieren. Dein ganzes Leben ist auf den Erhalt deiner körperlichen Existenz ausgerichtet. Du lebst allein im Augenblick, der den Einsatz all deiner Sinne und Fertigkeiten erfordert.

Die Naturgewalten sind deine Freunde und Feinde. Deine Horde ist den Unbilden und Launen von Wind und Wetter, Jahreszeiten, wilden Tieren und ergiebigen Wasserlöchern völlig ausgeliefert. Erst ein ausreichendes Angebot an Jagdwild und essbaren Pflanzen sichert deine Existenz. Du streifst mit der Horde umher, immer auf den Spuren des Jagdwilds, stets bedroht von Hunger und Gefahr.

Du kennst die Natur genau. Du weißt, was es bedeutet, wenn sich der Wind dreht, wenn bestimmte Sterne am Himmel erscheinen. Du weißt, was du tun musst, wenn sich nach einem heißen Sommer die kalte Jahreszeit oder der große Regen ankündigt.

ÜBUNG

Dein gesamtes Leben und Sterben wird von der Natur beherrscht, und dein Überleben hängt davon ab, dass du ihre Gesetze kennst und befolgst. Die Natur ist die höchste Kraft – Leben spendend und lebensbedrohend. Die Naturkräfte sind deine Götter. Ihnen versuchst du zu dienen.
In deinen Liedern und Tänzen reist du zur Sonne, zum Mond und zu den Winden, zu den Göttern der Luft, des Wassers und der Erde, um sie zu erfreuen oder auch um sie zu besänftigen und zu versöhnen, wenn du einmal gegen ihre Gesetze verstoßen hast und deshalb hart bestraft worden bist.
Du rufst den Herrn der Tiere an mit der Bitte um Jagderfolg und versprichst ihm einen Teil der Beute als Opfer. Wenn du erfolgreich warst und ein großes Tier erlegt hast, entschuldigst du dich beim Herrn der Tiere und bittest ihn, aus den Knochen des toten Tieres ein neues Tier hervorzubringen.

Nimm dir ein paar Atemzüge Zeit und lass diese Welt auf dich wirken. Welche Empfindungen und Emotionen tauchen in dir auf? In welchen Körperteilen lassen sich diese Empfindungen lokalisieren? Welche Funktionen des Körpers sind nun aktiviert? Welches sind deine größten Wünsche? Welches deine schlimmsten Nöte? Was gefällt dir an diesem Leben, was fehlt dir?

An sternenklaren Abenden und in winterharten Nächten, wenn dein Blick zum Himmel schweift, wenn du dem Atem der Männer, Frauen und Kinder lauschst und ihre warmen Körper fühlst, wenn du die Erschöpfung eines harten, ergebnislosen Jagdtages in den Knochen spürst und dein Magen vor Hunger knurrt, steigt eine tiefe Sehnsucht aus deinem Herzen empor: die Sehnsucht nach den ewigen Jagdgründen, die Sehnsucht nach Sicherheit, nach immerwährender Geborgenheit, die Sehnsucht nach Vollkommenheit.

ÜBUNG

Und eines Tages veranlasst dich diese Sehnsucht, die Samen von Gräsern und Früchten in ein ausgewähltes Stück Erde zu säen. Die Samen keimen, wachsen heran und schenken dir Nahrung in Fülle. Aus den ewigen Jagdgründen wird der Garten Eden. Ein neuer Morgen der Evolution bricht an. Vom Jäger und Sammler wirst du zum Pflanzer, zum Bodenbauer.

Schau dich nun in der neuen Atmosphäre um und lass sie auf dich wirken. Was siehst du?
Du siehst, wie Frauen mit ihrer natürlichen Beziehung zur Erde und zu den Pflanzen den Boden bearbeiten, mit dem Grabstock in der Hand; du siehst, wie sie sich um das Wachstum der Pflanzen kümmern; wie sie säen und ernten, säen und ernten, säen und ernten ... Jahr für Jahr im gleichen harmonischen Rhythmus, angepasst an die Jahreszeiten und die Ordnung der Natur. Du siehst, wie sie die Feldfrüchte verteilen und sich um die Vorratshaltung kümmern. Du beobachtest die Männer, wie sie weiterhin zur Jagd gehen und in gefährlichen Situationen die Gemeinschaft verteidigen – unter Einsatz ihres Lebens.

Die neue Wirtschaftsform und die Sesshaftigkeit haben dich deinem Traum von Sicherheit ein großes Stück näher gebracht. Du hast jetzt ein festes Dach über dem Kopf und kannst dich in Zeiten der Nahrungsknappheit mit den angelegten Vorräten über Wasser halten. Du fühlst dich geborgen in deiner Hütte, in der Wärme deiner Familie. Du spürst, wie dich diese Wärme und Geborgenheit durchflutet, wie sie neue Räume in deinem Inneren öffnet. Schau dich gut um. Nimm die Gerüche wahr, lass deinen Blick in die Umgebung schweifen. Schau dich in deinem Haus um, schau in den Garten hinaus, in dem die Pflanzen heranreifen. Betrachte die Frauen, Männer und Kinder in deiner Umgebung, ihre Gesichtszüge und Bewegungen. Wie sehen diese Menschen aus? Höre das Singen der Frauen und das

Lachen der Kinder, achte auf die Form der Sprache. Die ÜBUNG Sprache ist fließender und melodischer geworden, nuancenreicher und feiner; der Wortschatz hat gewaltig zugenommen. Nimm wahr, wie sich dein soziales Wesen verändert, wie sich deine Beziehungen zu den Menschen ändern, zu Männern, Frauen, Kindern und den Alten.
Gehe in die Öffnung hinein und lass die Erinnerung an die Gefühle und Gedanken aufsteigen, die sich in einem Menschen abspielen, dessen Leben sich um das Wachstum und das Gedeihen der Pflanzen dreht. Was sind die Prioritäten im Leben eines Bodenbauers? ... Es ist ein Leben, das von Jahreszeiten geprägt wird, vom Kreislauf des Werdens und Vergehens, von Geburt und Tod, von Gedanken an Saat, Wachstum und Ernte. Auf welche Weise verändert sich dein Welt- und Menschenbild durch diese Einstellung?
Horche auch in deine Sehnsucht nach Vollkommenheit hinein und spüre, wie sich diese Sehnsucht ausdehnt, erweitert ... und neue Götter – Göttinnen – aus dieser Sehnsucht entstehen.

Schau zu, wie ein neues Götterbild entsteht ...
Fruchtbarkeit ist das höchste Prinzip der Pflanzerkultur, und diese Eigenschaft assoziierst du mit dem Weiblichen. Du verspürst einen starken Drang, mit diesem Prinzip in Kontakt zu treten. Du willst alles über seine inneren Gesetze wissen. Du wünschst, es möge dir sein Geheimnis enthüllen. Denn deine Ahnung sagt dir: Wenn ich das Geheimnis der Fruchtbarkeit erkenne, dann werde ich auch erkennen, was ich selber tun kann, um Fruchtbarkeit und Fülle zu erhalten. Aus diesem Drang heraus erschaffst du das Bild der »Großen Göttin«. Die »Große Mutter« wird aus dir geboren.

Lass das Bild, das du diesem Prinzip zu Ehren erschaffen hast, auf dich wirken. Ein Bild, das deine Sehnsucht nach Fülle und Fruchtbarkeit verkörpert: deine höchste Vorstellung vom Weiblichen, ein Frauenbild, üppig und rund, freigebig, mit großen nährenden Brüsten, warm und feucht wie die Erde selbst. Spüre die Macht dieses Bildes. Spüre, wie diese Macht durch deine Anbetung zunimmt, wie diese Macht durch deine Aufmerksamkeit wächst ... Spüre, welch gewaltige Kraft dieses Bild durch deine Projektionen gewinnt, wie du ihm durch deine Energie Leben einhauchst, wie deine Idee lebendig wird und wie sie ein eigenes Leben zu führen beginnt: die Große Göttin, alles gebärend und allmächtig, die Quelle allen Lebens ...

Nun löst du deinen Blick vom Bild der Großen Mutter und lässt ihn in die Umgebung schweifen. Fast magnetisch wird er von den Frauen dieser Ära angezogen. Und nun siehst du mit eigenen Augen, was du vorher nicht gesehen hast: Frauen sind Abbilder der Großen Göttin! Sie sind Frauen und Mütter, und sie besitzen auch die Eigenschaften der Göttin! Sie sind frei, offen, erdverbunden, mütterlich, fürsorglich, stark, friedliebend. Sie sind emotional, spontan, lebensbejahend. Sie sind wertvoll. Ihre Weiblichkeit macht sie unendlich wertvoll! Frauen spenden Leben. Daher verdienen sie es, gewürdigt, erhoben und gefeiert zu werden.
Die Frauen des Matriarchats fühlen sich wertvoll. Sie sind im vollen Besitz ihrer weiblichen Kraft, weil nichts und niemand diese Kraft beschneidet. Überdies eifern sie dem Vorbild der Göttin nach, wo sie nur können, wollen ihrem großen Ideal gerecht werden. Dieser Eifer verleiht ihnen Inspiration und Kreativität, geistige Größe, Selbstachtung, Selbstwert, Selbstvertrauen und Erdung.
Neugierig betrittst du die Gefühlswelt, die von der weiblichen Urkraft erfüllt wird. Du lässt sie auf dich wirken, atmest sie ein, wirst eins mit ihr. Du lässt dir die uralten Geheimnisse der Göttin erzählen und hörst einfach nur zu, was sie dir zu sagen hat, hörst zu, welche Botschaft sie dir enthüllen möchte ...
Welche Eigenschaften und Werte ruft dieser Traum in dir selbst wach? Schau genau hin. Höre. Rieche. Schmecke. Fühle

diesen Traum. Versuche, diese Eigenschaften, die auch du verinnerlicht hast, in deinem Körper zu lokalisieren. In welchen Teilen deines Körpers sind diese Erinnerungen noch lebendig?

ÜBUNG

Welche Qualität hat Sexualität in diesem Traum? Erlaube dir, näher hinzusehen ...

Jetzt ist es an der Zeit, die Ära des Matriarchats zu verlassen. Du verspürst bereits Lust weiterzugehen. Du nimmst schon den Geruch des Neuen wahr. Wieder einmal liegt der Duft des Neuen in der Atmosphäre, und wieder einmal bist du bereit, diesem Duft zu folgen. Oder ist es deine Sehnsucht, die dich weitertreibt?
Damit die Reise schneller vonstatten gehen kann, begibst du dich wieder in die Zeitmaschine und machst es dir dort bequem. Nimm ein paar tiefe Atemzüge. Beobachte beim Hinausschauen, was geschieht, während die Zeit verfliegt: Aus Hütten werden Häuser und Gehöfte mit allerlei domestizierten Tieren in vollen Ställen; aus Dörfern entstehen Städte; Gärten dehnen sich zu großen Feldern aus, in denen die Menschen eifrig ihren Aufgaben nachgehen ...
Das ruhige, dörfliche Leben wird immer betriebsamer, lebhafter und geschäftiger. Straßen entstehen, und immer mehr Orte vernetzen sich. Güter und Waren können ausgetauscht und Handel betrieben werden. Neue Erfindungen werden gemacht, komplizierte Werkzeuge hergestellt, Geschichten erzählt, Traditionen weitergegeben. Allmählich nehmen Verfeinerung und Spezialisierung zu, und die Freude an Kunst und Wissen kommt auf. Schmuck, Kleidung, Bauwerke, Gebrauchsgegenstände, Waffen und Werkzeuge werden prächtig verziert, Fertigkeiten veredelt – und der Wissensschatz der Menschheit wächst unaufhaltsam an.
Die Schnelligkeit des Lebens nimmt zu. Es entstehen Kulturen und Nationen, Gesellschaften, Regierungen und spezialisierte Berufe – die Schrift. Mit dieser Entwicklung gehen ethnische, soziale und kulturelle Unterschiede einher.

ÜBUNG

In jedem Augenblick wird die Welt komplexer und komplizierter. Es ist inspirierend und aufregend zugleich. Du fühlst einen leichten Druck – einen Druck, der dich wehmütig erkennen lässt, dass sich die matriarchale Ära ihrem Ende zuneigt; einen Druck, der dir gleichzeitig zu verstehen gibt, dass du mit der Komplexität der neuen Situation in irgendeiner Weise fertig werden musst. Deine Sehnsucht ist wieder aktiviert, und diesmal treibt sie dich in die weit geöffneten Arme des Intellekts – der Ratio.

An dieser Stelle steigst du aus der Zeitmaschine aus, schließt die Tür hinter dir zu, siehst dich um und findest dich am Beginn der neuen Ära wieder. Du spürst das Flackern des Neuen, das wie ein ungestümes Feuer die alten Strukturen verschlingt. Du wirst Zeuge, wie die Große Mutter gewaltsam von ihrem Thron gestürzt wird, wie die Macht der Frau unter aggressivem, männlichem Triumphgeschrei gebrochen wird. »Die Göttin ist tot. Es lebe der Vatergott und seine Gesetze!«

Aus der Ferne beobachtest du, wie sich allmählich der gesellschaftliche und kulturelle Wirkungskreis des Weiblichen einschränkt; wie die mit dem Weiblichen assoziierten Eigenschaften an Wertschätzung verlieren; wie Kultur und Geisteshaltung des Matriarchats in Schutt und Asche versinken.

Die neue Rolle der Frau ist auf Heim und Herd reduziert, auf das Gebären und Aufziehen der Kinder. Als Erzeuger der Kinder wird nun der Mann betrachtet, der dem Gefäß des weiblichen Körpers großzügig seinen Samen spendet. Daher werden seine Nachkommen nach seinem Namen benannt. Auch Frauen gehören ab jetzt dem Manne, ebenso wie das Hab und Gut der Familie. Der gesamte Aufgabenbereich des Mannes besteht nun darin, seinen Besitz zu ordnen, zu verwalten, zu beschützen und zu verteidigen und seine Vormachtstellung aufrechtzuerhalten.

ÜBUNG

Spüre hinein in die erzwungene Unterordnung der Frau, in ihre Gefangenschaft. Fühle, wie der Glanz des Weiblichen verblasst und der weibliche Eros – nun als Teufelswerk gebrandmarkt – aus den Zellen beider Geschlechter entweicht. Was macht diese Erinnerung mit dir – deinen Gedanken, Gefühlen, deinem Körper und deinen Sinnen? Vielleicht fühlst du die Trauer der Frau und ihren Schmerz. Vielleicht nimmst du ihren heimlichen Groll, ihre heimlichen Rachegefühle wahr.
Spüre auch hinein in den patriarchalen Mann. Wie sieht es in seinem Inneren aus? Vielleicht findest du die Freude an Macht, Überlegenheit und Stärke. Vielleicht spürst du aber auch die Last auf seinen Schultern, den Druck, sich ständig beweisen und die Verantwortung für das Überleben der Seinen übernehmen zu müssen; die Angst, sein Reich, seinen Besitz, seine Rechte, sein Wissen, seine Wirklichkeit zu verlieren oder diese Dinge unter Gewaltanwendung verteidigen zu müssen. Denn sein Gott hatte ihm befohlen, dies zu tun. Sein Gott, nach dessen Vorbild er erschaffen worden war.

Oder war es vielleicht umgekehrt? Hast etwa du – der patriarchale Mensch – diesen Gott erschaffen, nach deinem Vorbild von Vollkommenheit? Sieh dir diesen Gott genau an. Dieser Gott ist ein Mann. Er ist Schöpfer des Universums und des Menschen, Wächter über Gesetz und Ordnung. Er ist Vater und wacht über das Wohl der Seinen, der Guten. Er bestraft jene, die seine Gebote missachten; jene, die noch den alten Göttern huldigen, die anderen, die Bösen also. Er hat den Himmel erschaffen als Belohnung für die Guten und die Hölle als Strafanstalt für die Bösen. War es wirklich Gott, der die Erde zum Jammertal machte und die Freuden des Himmels auf das Leben nach dem Tode vertagte? Oder warst du es vielleicht, Mensch?

Hast du vergessen, wer du bist? Bist du wirklich der, der du glaubst zu sein? Oh, wie verwirrt du bist! Du hast gelernt, in

ÜBUNG

Gegensätzen zu denken: Mann – Frau, oben – unten, gut – böse, innen – außen, Subjekt – Objekt, Ich – Du. Du hast die Welt mit Hilfe deines Intellekts in den Griff bekommen. Du hast die intimen Geheimnisse der Natur durchschaut und damit deren göttliche Macht gebrochen. Du hast den zyklischen Kreislauf des weiblichen Seins-Verständnisses zerschnitten und dem Universum einen Anfang und ein Ende gegeben. Du hast Hierarchien entwickelt, die entscheiden, wer oben und wer unten, wer der Starke und wer der Schwache ist. Du hast deine Welt in Entweder-oder gespalten. Damit hast dich selbst entzweigeschnitten und zu deinem eigenen Opfer gemacht. Oh, du Armer, du ...

Versuche, die innere Zerrissenheit des patriarchalen Menschen zu erspüren, seine grenzenlose Verwirrung ... Wie fühlt sich diese Trennung an? Kannst du wahrnehmen, was es bedeutet, in dieser Verwirrung zu leben und sich in immer neuen Schlingen zu verstricken? Versetze dich tief in den patriarchalen Menschen hinein. Wie sieht aus dieser Perspektive der Kontakt zu den Mitmenschen aus? Wie gestalten sich deine Beziehungen? Wie ist dein Verhältnis zur Natur und zum Universum? Was hörst du? Wie kannst du dich verständlich machen? Was kannst du riechen und schmecken? Nimm dir Zeit, um diesen Zustand zu erfahren ...

Wenn du es geschafft hast, die patriarchale Hölle bewusst und hellwach anzuschauen, dann bist du bereit. Bereit, diese Hölle ebenso bewusst zu verlassen. Bereit, die reifen Früchte dieses Zeitalters zu ernten.
Dann erkennst du, dass alles in Ordnung ist, so wie es ist. Es ist ein Teil der Reise des Helden, ein Teil der Evolution, ein Teil des großen Erkenntnisprozesses, in dessen Verlauf die Schöpfung sich ihrer selbst bewusst wird.

Nimm nun einen großen Korb oder ein anderes Gefäß, sammle die Früchte und lege sie achtsam hinein. Es sind

die Vorteile und großen Errungenschaften des Patriarchats: Technologie, Wissenschaft, Medizin und Kunst. Errungenschaften, die vielen Bereichen unseres Lebens Sicherheit geben, sie verfeinern und bereichern können, wenn wir sie verantwortungsvoll nutzen. Die geistigen Errungenschaften des patriarchalen Zeitalters werden dir die mentale Kraft für einen neuen Quantensprung geben.
Solltest du angesichts der patriarchalen Hölle innerlich ausgestiegen sein, hast du dennoch nichts versäumt. Du bekommst die Chance der Erkenntnis tagtäglich neu zugespielt – vom Leben selbst.

Unsere Phantasiereise geht hier zu Ende. Es war eine lange Reise, und doch befinden wir uns erst in der Halbzeit der Evolution. Der Rest steht uns noch bevor. In der kommenden Halbzeit wird die Gestaltung dieser Welt nicht mehr in der Hand der Götter liegen, sondern im Herzen der Menschen. Der Mensch der Zukunft wird ein Liebender sein, der das Göttliche in seiner eigenen Mitte, in seinem wahren Selbst gefunden hat.

Ergänzende Reflexion

Nimm gleich im Anschluss an diese Übung ein Blatt Papier zur Hand und beantworte schriftlich die folgenden Fragen. Antworte spontan, ohne lange zu überlegen. Bewahre die Aufzeichnungen in deiner Arbeitsmappe auf. Mit der Zeit wirst du anhand deines Materials verfolgen können, wie sich dein Blickwinkel ändert und sich deine Sichtweise klärt – das heißt, wie du zunehmend jene Qualität entwickelst, welche die Buddhisten »unterscheidende Weisheit« nennen.

Nutze diese Reflexion, um dir darüber klar zu werden, welche kulturellen Konditionierungen lebens- und wachstumsfördernd für dich sind und welche dich begrenzen. Soweit diese positiv sind, kannst du sie beibehalten und mitnehmen in deine neue Wirklichkeit; sofern sie blockierend, negativ und zerstörerisch wirken, darfst du dich von ihnen verabschieden.

1 Wie habe ich mich in den verschiedenen Stadien gefühlt:
in der archaischen Phase,
im Matriarchat,
im Patriarchat?

2 Was habe ich gefühlt?

3 Welches Stadium hat mich am meisten angesprochen?
Welches am wenigsten?

4 Kamen Elemente zum Vorschein, die ich in meinem gegenwärtigen Leben vermisse?
Wenn ja, welche?
Und warum?

5 Bin ich in der Lage, mir diese Elemente in mein Leben zu holen?
Wenn ja, wie?

Wie schon gesagt, machen kollektive Glaubenssätze und kulturelle Konditionierungen mehr als 80 Prozent unseres Selbst-Verständnisses aus. Durch das soziale Gefüge, in das wir durch Familie, Eltern, Verwandte, Erziehung, Schule und Arbeitswelt eingebettet sind, werden wir ständig von neuem mit diesen Glaubenssätzen infiltriert. Und so wagen wir meist nicht einmal, sie in Frage zu stellen. Vor allem dann nicht, wenn es heißt, sie wären von Gott erschaffen.

Wie aber können wir diese Konditionierungen durchschauen lernen? Woher können wir überhaupt wissen, welche unserer Überzeugungen richtig sind und wann es sich um bloße Konditionierung handelt? Auf welche Weise lassen sich diese Unterschiede herausfinden?

Wer sucht, der fragt

Ein Eingeweihter ist jemand, der weiß, wie er an das notwendige Wissen gelangen kann. Das heißt: Er weiß, wie er zu fragen hat. Er weiß die Antwort zu suchen. Er weiß die richtigen Mittel anzuwenden.

> **Wer sucht, der fragt.**
> **Die Art des Fragens ist Teil der Antwort.**
> **Die Richtung, in der ich suche, bestimmt,**
> **was ich finden werde.**

Selbstbefragung und Hinterfragung gehören daher zu den essentiellen Techniken aller spirituellen Praxiswege. Erst wenn wir die richtigen Fragen stellen, beginnen wir die Schichten von Überzeugungen und Konditionierungen zu durchleuchten, die unseren Wesenskern überlagern. Erst dann können wir die dahinter liegende Wahrheit entdecken. Das Hinterfragen unserer Überzeugungen und Glaubenssätze ist der erste Schritt zur Selbsterkenntnis.

Konditionierungen bestehen aus Geboten, Verboten, Sitten und Bräuchen, Regeln und Verhaltensvorschriften, Normen und Werten. Oft sind diese zu Dogmen erstarrt. Sie schreiben uns vor, was wir zu denken haben und was nicht, wie wir uns verhalten sollen und wie nicht. Und von klein auf wurde uns untersagt, diese anzuzweifeln.

Bevor wir mit der Technik der Selbstbefragung beginnen, müssen wir uns deshalb zuerst *selbst die Erlaubnis erteilen*, dies auch wirklich tun zu dürfen. Das Untere Selbst würde unser Vorhaben sonst ständig mit Schuldgefühlen durchkreuzen. Dann erst beantworten wir die Fragen, die wir im folgenden Abschnitt vorfinden.

Jede gezielte Fragestellung setzt die Erkenntnis voraus, dass die Art des Fragens schon ein Teil der Antwort ist; dass die Richtung, in der ich suche, bestimmen wird, was ich finden werde. Im Allgemeinen fragt und hinterfragt man so lange, bis man zum Kern der Sache vorstößt und sich alle Fragen in einer absoluten Antwort auflösen. Wer sucht, der findet. Wer lange genug fragt, der wird die Antwort bekommen.

Jede endgültige Antwort endet bei Gott. Daher setzen wir diese Fragen – die Fragen über Gott – an den Anfang.

Ohne unsere Beziehung zu Gott geklärt zu haben, würde keine unserer Fragen richtig beantwortet werden. Anhand der Evolutionsübung konnten wir sehen, dass auch unsere Glaubenssätze über die Beziehung der Geschlechter und über die Beziehung von Mensch und Natur aufs Engste mit unseren Gottesvorstellungen verknüpft sind. ALLES ist an diese Vorstellungen gebunden, auch wenn uns dies nicht im Geringsten bewusst ist. Unsere gesamte Wirklichkeit spiegelt sich in dem Bild wider, das wir von Gott haben. Egal, ob wir an einen Gott glauben oder nicht: Auf jeden Fall stellen unsere Vorstellungen vom »Absoluten« die Blaupause für unser Selbstbild dar.

Die Beziehung zu »Gott« klären

Zunächst ist »Gott« nichts als ein Terminus,
die leere Hülse einer Bezeichnung,
die der Mensch erfand, um seiner
Vorstellung von Vollkommenheit
Ausdruck zu verleihen, jener Vollkommenheit,
nach der er sich unaufhörlich sehnt.

Amo ergo sum

Die Struktur der folgenden Fragestellungen ist inspiriert von den *Avatar-Trainings.* Ihr Gründer Harry Palmer hat hervorragende Arbeit in der Methode der Selbstbefragung geleistet. Die Inhalte basieren – bis auf die angegebenen Passagen – auf *Amo ergo sum.*

Beantworte alle Fragen schriftlich und hebe sie in deinem Ordner auf. Folge auch hier den ersten Impulsen und antworte spontan.

1 Nenne drei Überzeugungen, die du über Gott hast.
Stammen diese Überzeugungen aus deiner eigenen Erfahrung, oder handelt es sich um Konditionierung?
In welchem Teil deines Körpers spürst du diese Überzeugungen?
Wie fühlt sich diese Stelle an: angenehm oder unangenehm, gesund oder ungesund, ganz oder getrennt?

2 Was bedeutet für dich das »Gute«? Nenne drei Eigenschaften.
Liegt der Ursprung dieser Glaubenssätze in deinem Gewissen, oder handelt es sich um Konditionierung?
In welchem Teil deines Körpers kannst du diese Glaubenssätze wahrnehmen?
Wie fühlt sich diese Stelle an: angenehm oder unangenehm, gesund oder ungesund, ganz oder getrennt?

3 Was bedeutet für dich das »Böse«? Nenne drei Eigenschaften.
Liegt der Ursprung dieser Glaubenssätze in deinem Gewissen, oder handelt es sich um Konditionierung?
In welchem Teil deines Körpers kannst du diese Glaubenssätze wahrnehmen?
Wie fühlt sich diese Stelle an: angenehm oder unangenehm, gesund oder ungesund, ganz oder getrennt?

4 Nenne drei Schwierigkeiten, die du mit Autorität hast.
Haben diese Schwierigkeiten ihren Ursprung in deiner eigenen Erfahrung, oder sind sie die Auswirkung von Konditionierung?

In welchem Teil deines Körpers spürst du diese Schwierigkeiten?
Wie fühlt sich diese Stelle an: angenehm oder unangenehm, gesund oder ungesund, ganz oder getrennt?

5 Nenne drei Vorteile, die dir aus Autorität erwachsen.
Sind diese Meinungen das Resultat deiner eigenen Erfahrung, oder gehen sie auf Konditionierung zurück?
In welchem Teil deines Körpers spürst du diese Meinungen?
Wie fühlt sich diese Stelle an: angenehm oder unangenehm, gesund oder ungesund, ganz oder getrennt?

6 Nenne drei generelle Schwierigkeiten, die du mit Männern hast.
Worin haben diese Schwierigkeiten ihren Ursprung: in dir selbst oder in kultureller Konditionierung?
In welchem Teil deines Körpers spürst du diese Schwierigkeiten?
Wie fühlt sich diese Stelle an: angenehm oder unangenehm, gesund oder ungesund, ganz oder getrennt?

7 Nenne drei generelle Schwierigkeiten, die du mit Frauen hast.
Worin haben diese Schwierigkeiten ihren Ursprung: in dir selbst oder in kultureller Konditionierung?
In welchem Teil deines Körpers spürst du diese Schwierigkeiten?
Wie fühlt sich diese Stelle an: angenehm oder unangenehm, gesund oder ungesund, ganz oder getrennt?

8 Nenne drei Gründe, weshalb du Macht ablehnst.
Sind diese Gründe das Resultat deiner eigenen Erfahrung oder die Auswirkung von kulturellen Konditionierungen?
In welchem Teil deines Körpers spürst du diese Gründe?
Wie fühlt sich diese Stelle an: angenehm oder unangenehm, gesund oder ungesund, ganz oder getrennt?

9 Nenne drei Gründe, weshalb du Macht besitzen möchtest.
Sind diese Gründe das Resultat deiner eigenen Erfahrung oder die Auswirkung von kulturellen Konditionierungen?
In welchem Teil deines Körpers spürst du diese Gründe?
Wie fühlt sich diese Stelle an: angenehm oder unangenehm, gesund oder ungesund, ganz oder getrennt?

10 Nenne drei Glaubenssätze, die du über andere Kulturen hast.
Entstammen diese Glaubenssätze deiner eigenen Erfahrung, oder sind sie das Ergebnis von Konditionierung?
In welchem Teil deines Körpers spürst du diese Glaubenssätze?
Wie fühlt sich diese Stelle an: angenehm oder unangenehm, gesund oder ungesund, ganz oder getrennt?

11 Nenne drei positive Verhaltensweisen, die du gegenüber der Natur an den Tag legst.
Haben diese Verhaltensweisen ihren Ursprung in dir selbst oder in Konditionierung?
In welchem Teil deines Körpers nimmst du diese Verhaltensweisen wahr?
Wie fühlt sich diese Stelle an: angenehm oder unangenehm, gesund oder ungesund, ganz oder getrennt?

12 Nenne drei Überzeugungen, die du bezüglich des menschlichen Intellekts hast.
Woher kommen diese Überzeugungen: Sind sie das Resultat deiner eigenen Erfahrung oder von Konditionierung?
In welchem Teil deines Körpers nimmst du diese Überzeugungen wahr?
Wie fühlt sich diese Stelle an: angenehm oder unangenehm, gesund oder ungesund, ganz oder getrennt?

13 Nenne drei Überzeugungen, die du über das Ego hast.
Stammen diese Überzeugungen aus deiner eigenen Erfahrung, oder handelt es sich um Konditionierung?
In welchem Teil deines Körpers spürst du diese Überzeugungen?
Wie fühlt sich diese Stelle an: angenehm oder unangenehm, gesund oder ungesund, ganz oder getrennt?

Wie du bemerkt hast, sind die Fragen nach einem typischen Schema angeordnet, das einen ganz bestimmten Zweck erfüllt. Zum einen geht es darum, deine Einstellung zu den wichtigsten Lebensbereichen transparent zu machen. Zum zweiten soll es dir herauszufinden helfen, ob diese Einstellungen auf authentischer Erfahrung oder kultureller Konditionierung beruhen. Zum dritten ist die »dreifache Hinterfragung«, wie wir sie hier einmal nennen wollen, ein perfektes Werkzeug zum Selbstcheck. Es kann überall und immer eingesetzt werden. Es gewährleistet, dass du unter allen Umständen *bei dir bleibst*, das heißt, deine Gedanken und Gefühle nicht nach außen projizierst. Und es zeigt dir, auf welche Weise du wichtige Informationen über Ganzheit, Wahrheit und Heilung aus dir selbst beziehen kannst.

Dein Körper ist ein untrügliches Instrument, stets bereit, die richtige Auskunft zu geben, hier und jetzt. Unsere gesamten Glaubens- und Verhaltensmuster sind energetisch im Körperbewusstsein gespeichert: in den Organen, der Muskulatur, dem Skelett, der Haut, den Körpersäften etc. Daher beeinflussen sie nicht nur die emotionale, sondern auch die körperliche Ebene – negativ oder positiv. Dies können wir wahrnehmen.

Anhand der Wahrnehmung schließlich können wir unterscheiden, ob wir mit unseren Glaubenssätzen richtig oder falsch liegen, das heißt, ob diese uns in die Ganzheit führen oder Trennung verursachen.

Alle Glaubenssätze, Meinungen, Überzeugungen, Gefühls- und Verhaltensmuster, die uns vom Ganzen und damit von unserem wahren Selbst trennen, wollen wir zukünftig als »Trennungsmuster« bezeichnen.

Was ist charakteristisch für diese Trennungsmuster?

1 Trennungsmuster
spalten uns aus der Ganzheit ab,
spalten ein Stück von uns selbst ab,
begrenzen uns,
machen uns klein,
schneiden uns von unserem Potenzial ab,
beschneiden unseren inneren Raum und damit den Raum, der zwischen uns und anderen entstehen könnte.

2 Jegliche Form von Negativität beruht auf Trennung. Ebenso die meisten Ängste.[2]

3 Jedes Trennungsmuster wird im Körper-Geist-System als Blockade gespeichert und hemmt den natürlichen Fluss der Lebensenergie.

4 Alles, was sich unstimmig, freudlos oder lieblos, also miserabel anfühlt, deutet auf das Vorhandensein eines Trennungsmusters hin.

5 Folglich sind Trennungsmuster alles, was nicht Liebe ist und nicht dem Leben dient. Denn Liebe ist die Wahrheit und äußert sich stets in Freude.

Jegliche Form von Negativität behindert den Zugang zur Wahrheit, zu unserem wahren Selbst und unserem ursprünglichen Potenzial – zur Vollkommenheit, zu »Gott«.

Die Sehnsucht nach Vollkommenheit

1 ***Jedem Menschen, egal welcher Kultur oder welcher historischen Epoche er angehören mag, sind zwei Grundbedürfnisse eigen: Er möchte Leiden vermeiden und dauerhaftes Glück finden.***

2 ***Beide Bedürfnisse sind eigentlich nur zwei verschiedene Umschreibungen für ein und dieselbe Sehnsucht. Gemeint ist die tiefste Sehnsucht der menschlichen Seele: die Ur-Sehnsucht nach Vollkommenheit.***

3 Jeder Mensch trägt die Ahnung von Vollkommenheit in seinem Herzen. Dieser Funke ist es, der seinem Leben Sinn und seinem Tun eine Richtung verleiht. Die Sehnsucht nach Vollkommenheit ist die Antriebskraft allen Lebens und jeglichen Wachstums.

4 Letztlich jedoch ist diese Sehnsucht weit mehr als eine Ahnung. Sie entspringt der innersten Bewusstheit, dass Vollkommenheit der wahre Zustand der Schöpfung ist – und demnach der wahre Zustand unseres Selbst.

5 Es ist das Bestreben, diesen Zustand wieder zu finden und sich mit ihm auf ewig zu verbinden. Ihm liegt jedweder Versuch zugrunde, die Welt, das Sein und das Selbst zu erklären. Das Streben nach religio *– nach Rückverbindung mit der Wahrheit und nach Verwirklichung des wahren Selbst – ist der Ursprungsgedanke aller Philosophien, Religionen und Wissenschaften. Es ist das Leitbild aller Denkmodelle, die der Mensch je erfand, um sich selbst und seine Stellung in der Welt zu erklären.*

6 Ein Synonym für Vollkommenheit ist Göttlichkeit. *»Gott« ist ein Ausdruck des Menschen, um das Vollendete, ewig Gültige, Allumfassende, den letztendlichen Superlativ, die höchste Macht, die Quelle aller Ursachen, kurz: das Absolute zu beschreiben.*

7 Die Gottesvorstellungen der Kulturen reflektieren somit deren Vorstellungen von Vollkommenheit. Dadurch sind sie gleichzeitig Idealmaßstäbe, denen sich der Mensch anzunähern versucht. Sie dienen ihm als Richtschnur für sein Denken, Verhalten und Handeln.

8 Die Wege der Gottsuche sind also zur gleichen Zeit Wege der Selbstsuche.

9 Die Sehnsucht nach Vollkommenheit bringt die Sehnsucht nach Wiedervereinigung mit unserem Wesenskern zum Ausdruck.

10 In der Sehnsucht nach Vollkommenheit pulsiert die Ahnung von Ganzheit.

11 Alle uns bekannten Gottesbilder haben ihren Ursprung in den Vorstellungen des Menschen von Vollkommenheit. Diese Vorstellun-

gen werden stets von zwei wesentlichen Faktoren geprägt: einmal von den spezifischen Lebensbedingungen, zum anderen durch das vorherrschende Evolutionsstadium.

12 Umgekehrt prägen Gottesbilder die Konzeptionen von Mensch und Kosmos. Jahrtausendelang bestimmten sie unsere Identität, und in den meisten Ländern der Erde ist das auch heute noch so. Aber selbst in Kulturen, die weder Gott noch Götter billigten, waren es doch immer die Auffassungen vom Absoluten, die den übergeordneten Rahmen für die Erklärung des Seins und der Erscheinungen bildeten.

13 Sie stellen die Grundlage der großen Paradigmen der Menschheitsgeschichte dar – jener Denkmodelle, innerhalb derer der Mensch sich selbst, das Universum und das Leben definiert und die folglich seine Wahrnehmung, seine Werte und seine Sinngebung steuern.

Der Umgang mit Konditionierungen und Trennungsmustern

Bei einigen deiner tiefsten Überzeugungen handelt es sich mit Sicherheit um Konditionierung. Das heißt, sie haben eigentlich gar nichts mit dir zu tun. Sie sind Fremdmaterial.

Vielleicht hast du auch Trennungsmuster erkannt. Diese können sowohl in kulturellen Glaubenssätzen aufgetaucht sein als auch in Glaubenssätzen, die aus deiner eigenen Erfahrung stammen.

In manchen Fällen magst du dir nicht sicher gewesen sein, ob es sich um Konditionierung oder eigene Erfahrung handelt. Meist sind jedoch Konditionierungen die Ursache.

Die nächste Fragerunde beginnt daher mit der Frage:

1 Möchtest du deine Trennungsmuster loslassen und verändern, oder möchtest du sie beibehalten?

Auf den ersten Blick erscheint diese Frage ungewöhnlich. Sie erhellt sich aber durch die Tatsache, dass Glaubensmuster einen wesentlichen Teil unserer Identität ausmachen und uns daher einen gewissen Halt verschaffen. Selbst wenn es sich dabei um falsche Sicherheiten handelt, können wir diese nicht einfach über Bord werfen. Bevor wir sie loslassen, gilt es sorgfältig abzuwägen.

Wähle deshalb ein Trennungsmuster aus, das du im Moment noch beibehalten möchtest. Beantworte sodann die weiteren Fragen.

2 Warum möchtest du dieses Muster noch nicht loslassen: aus Angst, Unsicherheit, mangelndem Vertrauen oder Bequemlichkeit?

3 Welchen Zweck mag dieses Muster in deinem Leben erfüllen?

4 Nenne jetzt ein Trennungsmuster, das du verändern möchtest.

5 Nenne drei Möglichkeiten der Veränderung.

6 Welche dieser Möglichkeiten entspricht deiner höchsten Vorstellung?

1 ***Die meisten Schwierigkeiten, Probleme und Konflikte, aber auch viele Krankheiten sind auf Trennungsmuster zurückzuführen, egal ob diese durch Konditionierung oder eigene Erfahrung entstanden sind.***

2 ***Das heißt nicht, dass es nie einen äußeren Anlass für unsere Schwierigkeiten gäbe.***

3 Es heißt vielmehr, dass wir es unterlassen oder versäumt haben, diesen Schwierigkeiten konstruktiv zu begegnen.

Die nächste Fragerunde wurde direkt aus *Avatar*[3] übernommen. Sie eignet sich hervorragend zum Aufdecken von Trennungsmustern in zwischenmenschlichen Beziehungen.

1 Nenne drei Fehler, die du häufig bei anderen beobachtest.
Könnte es sein, dass du dich manchmal weigerst, diese Fehler bei dir selbst zu erkennen?

2 Nenne drei Dinge, die du tust (oder getan hast), um zu erreichen, dass andere dich in einem bestimmten Licht sehen.
Welche Überzeugungen lassen dich an dem Bild zweifeln, das du selbst von dir hast?

3 Nenne drei Konflikte, in die du gegenwärtig verstrickt bist.
Welche Überzeugungen veranlassten dich, die Umstände dieser Konflikte zu erschaffen?

4 Nenne drei Personen (oder Gruppen, Organisationen, Länder etc.), von denen du dich im Stich gelassen fühlst.
Welche Überzeugungen hindern dich daran, ihnen zu vergeben?

5 Nenne drei Erfahrungen, die sich in deinem Leben häufig zu wiederholen scheinen.
Welche Überzeugungen muss jemand verinnerlicht haben, um solche Erfahrungen zu erschaffen?

Überprüfe deine Antworten anhand der entsprechenden Merksätze.

1 Wenn ich schnell die Fehler bei anderen finde, habe ich versäumt, mich selbst zu verbessern.
2 Wenn mein Handeln darauf ausgerichtet ist, andere zu überzeugen, zweifle ich an mir selbst.
3 Wenn ich mit der Welt im Kampf liege, verleugne ich die Verantwortung für meine eigene Schöpfung.
4 Wenn ich mich isoliert und einsam fühle, habe ich versäumt zu vergeben.
5 Wenn sich bestimmte Ereignisse in meinem Leben wiederholen, habe ich eine Lektion zu lernen.

Die Technik des vollkommenen Hinterfragens

Hinter den meisten Trennungsmustern verbirgt sich eine ganze Reihe weiterer Ängste und falscher Überzeugungen, die uns oft völlig unbewusst sind. Das Ziel des vollkommenen Hinterfragens ist es, diese *versteckten* Muster ausfindig zu machen.

1 Wähle aus der obigen Liste etwas aus, das du *jetzt* gerne ändern würdest.

Stell dir dann abwechselnd die beiden nachstehenden Fragen. Frage und hinterfrage so lange, bis die Hintergründe transparent geworden sind und das große Aha-Erlebnis eintrifft. Das kann relativ schnell gehen, es kann aber auch eine Weile dauern. Sei ehrlich mit dir selbst und versuche nichts zu vermeiden. Antworte nach bestem Wissen und Gewissen. Hier geht es um Transformation und nicht um Selbstkritik.

2 Welche Überzeugung könnte der Auslöser dieser Situation/dieses Musters sein?

3 Was beweist, dass diese Überzeugung wahr ist?

So einfach diese Technik zunächst erscheinen mag, so wertvoll erweist sie sich bei der Aufgabe, Erkenntnisse über sein verstecktes Innenleben zu erhalten und sich selbst auf die Schliche zu kommen. Denn sie lässt uns herausfinden, mit welchen trennenden Glaubensmustern wir uns immer wieder davon abhalten, das zu tun, was wir am *liebsten* tun würden.

Die Anfänge

Ich selbst hatte früher die Tendenz, mich manchmal monatelang zurückzuziehen und den Kontakt mit Menschen zu meiden. Beim Schreiben ist dies eine leichte Sache.

Eines Tages machte ich die obige Übung. Ich wollte mein Muster verändern, das mir ständig einredete, *das Zusammensein mit anderen Menschen sei zu anstrengend.*

Welche Überzeugung war also der Auslöser dieser Einstellung? So lautete die erste Frage. Ich brauchte nicht lange zu warten, bis sich der dahinter stehende Glaubenssatz meldete: *»Ich habe immer gegeben und nichts bekommen.«*

Stimmt. Zeit meines Lebens hatte ich immer wieder mit Energie-Vampiren zu tun gehabt – wie jeder andere auch. Aber im Verhältnis dazu gab es doch weit mehr Menschen, die es gut mit mir meinten und mir Anerkennung, Liebe und Unterstützung geben wollten. Es musste also ein weiteres Trennungsmuster dahinter verborgen sein. Dieses war: *»Ich gebe gerne, aber es fällt mir äußerst schwer, einfach etwas anzunehmen.«*

Dahinter stand die Überzeugung: *»Wenn ich nehme, mache ich mich käuflich.«* Mein Stolz trat zu Tage.

Und schon tauchte das nächste versteckte Muster auf: »*Wenn ich nehme, verliere ich meine Freiheit. Dann fühle ich mich verpflichtet, die Wünsche und Erwartungen der anderen zu erfüllen und auf meine eigene Autonomie zu verzichten.*«

Dies war tatsächlich häufig passiert. Sehr oft in meinem Leben hatte ich mich zurückgenommen, um anderen die Wünsche von den Augen abzulesen. Doch ... – niemand hatte mich dazu gezwungen. Es war meine eigene, wenn auch unbewusste Entscheidung gewesen: das patriarchale Rollenbild der aufopfernden Frau! Was konnte sich hinter diesem Glaubenssatz verbergen? »*Ich bin nicht so toll, wie andere von mir denken.*« Aha! Das war's.

Stimmt. Ich hatte immer ein schlechtes Gewissen, wenn mich jemand bewunderte. Dann meldete sich sofort dieser spezielle Druck, den ich so gut kannte und der sagte: »*Jetzt musst du dich aber gewaltig anstrengen, um dieses Bild aufrechtzuerhalten, das andere von dir haben.*«

Die hinter diesem Muster stehende Überzeugung konnte nur lauten: »*Ich kann nicht glauben, dass mich jemand respektiert oder sogar liebt, wie ich wirklich bin – mit all meinen Fehlern und Schwächen.*«

Dazu gab es allerdings fast keine Beweise. Bestätigt wurde lediglich die versteckte Existenz des nächsten Satzes: »*Ich bin nicht gut genug.*«

Auch dieser Vorwurf war mir von anderen noch nie zu Ohren gekommen. Niemand hatte jemals so etwas zu mir gesagt. Also musste *ich* die Schöpferin dieses Gedankens sein. Gleichzeitig erkannte ich, dass ich mich selbst ständig daran hinderte, wirklich gut zu sein. Wann immer ich die Früchte einer Sache ernten sollte, hatte ich eine Vollbremsung eingelegt. Warum aber tat ich das? Warum hinderte ich mich selbst daran, gut zu sein, Erfolg zu haben, anerkannt und respektiert zu werden? »*Weil ich Angst habe, mein Licht leuchten zu lassen.*«

Oh. Oh. Hier also liegt der Hund begraben. Uff, ein dicker Hund! Eine wahrhaft schwer zu verdauende Einsicht. Diese Erkenntnis war ein solches Aha-Erlebnis, dass ich zunächst glaubte, die Wurzel des Übels entdeckt zu haben. Das Ende der Fragekette schien sich anzukündigen. Bloß eines störte noch: Die letztendliche Antwort passte nicht zur anfänglichen Frage. »Ich finde das Zusammensein mit anderen zu anstrengend, weil ich Angst habe, mein Licht leuchten zu lassen ...?« Irgendetwas fehlte da noch. Es ergab keinen zwingenden Sinn. Also musste es eine Fortsetzung geben.

Auf die nächste Was-liegt-dahinter-Frage tat sich die berühmte Unschärfe, dieses ohnmächtige »Nicht-mehr-weiter-Wissen« auf – eine Erfahrung, die jeder kennt, der während einer Therapie- oder Selbsterfahrungssitzung schon einmal auf seinen blinden Fleck gestoßen ist. Hier wollte sich etwas ganz Existenzielles zeigen: »*Wenn ich mir vorstelle, mein Licht wirklich leuchten zu lassen, kommt eine recht eigenartige Angst in mir auf: die Angst, einfach zu sein. Und daran wiederum ist die Angst gekoppelt, ungeschützt zu sein, die Kontrolle aufgeben zu müssen*«, schrieb ich in mein Tagebuch.

Ich hatte meinen inneren Kontrolleur entlarvt. Nach anfänglichen Widerständen gegen diese unerwartete Erkenntnis musste ich mir schließlich eingestehen, dass ich tatsächlich ungeheuer findig im Kontrollieren von Menschen und Situationen war. Am liebsten machte ich mir selbst und anderen vor, alles fest im Griff zu haben. Wie anstrengend das war, dämmerte mir jetzt erst. Mein Gott, welche Energie mich das gekostet hatte!

Noch eine letzte Runde »Was steht dahinter« war nötig, um den Knoten vollständig zu entwirren. Unter einem ganzen Berg von Mustern lag jene Überzeugung begraben, die mir die längste Zeit meines Lebens das menschliche Miteinander zur anstrengendsten Sache der Welt gemacht hatte: »*Das Leben ist hart. Die Menschen sind schlecht. Ich kann ihnen nicht trauen. Überhaupt ist die Erde ein Jammertal, und ich kann nur überleben, wenn ich Schlechtigkeit, Bosheit und Hässlichkeit jeden Augenblick unter Kontrolle halte oder mich aus allem heraushalte. Ansonsten gehe ich kläglich zugrunde.*«

Als typisches Opfer hatte ich mich von der Welt und den Menschen abgeschnitten und mich hinter meinen Büchern versteckt. Auch heute taucht dieses Muster gelegentlich noch auf. Doch heute kann ich es durchschauen und einen anderen Standpunkt einnehmen, bevor ich in die alte Tretmühle gerate. Heute sehe ich die Dinge so, wie sie in *Amo ergo sum* beschrieben sind. Diese Sichtweise ist der alten Überzeugung diametral entgegengesetzt, denn sie lautet: »*Im innersten Kern ist jeder Mensch vollkommen. Er ist sich dessen nur nicht bewusst. Die Unwissenheit darüber spaltet ihn von der*

Ganzheit ab und lässt jene Ängste entstehen, die zu negativem Denken, Fühlen und Handeln führen.«

Natürlich gibt es Hass, Gewalt und Krieg, Neid, Eifersucht und Missgunst, Ungerechtigkeit und Ausbeutung, Kritik, Rechthaberei und alle möglichen Formen der Hässlichkeit. Ich nehme diese Dinge wahr, aber ich nehme sie nicht mehr persönlich. Ich verbrauche nicht länger meine wertvolle Energie, um all dies zu kontrollieren. Ich muss nicht mehr in Spannung geraten, sobald ich unter Menschen bin. Ich habe mich entschieden, mit dem Wahren, Guten und Schönen zu kommunizieren, das im Herzen eines jeden Menschen verborgen liegt.

Auch habe ich mir selbst den Druck genommen, immer Höchstleistungen erbringen zu müssen, um das positive Bild der anderen von meiner Person aufrechterhalten zu können. Heute bin ich in der Lage, nicht nur den leuchtenden Kern anderer Menschen zu sehen, sondern auch meinen eigenen. Ich sehe, dass jeder Mensch schon Trauer, Verzweiflung und Schmerz erlebt hat, genau wie ich. Ich sehe, dass jeder Mensch Leid vermeiden möchte und sich nach Liebe, Glück und Wahrheit sehnt. Genau wie ich. Dass jeder einen Weg sucht, auf dem er seiner innersten Sehnsucht nach Vollkommenheit folgen kann.

Im Unterschied zu früher empfinde ich heute Mitgefühl, anstatt eine Schutzhaltung einzunehmen. In der Begegnung von Herz zu Herz entsteht ein absichtsloser Raum für Ehrlichkeit, Zuneigung und Freude, in dem die Energien frei fließen können.

Aber selbst wenn jemand aus irgendeinem Grund in irgendeiner Form der Abwehr verharrt, passiert nichts Schlimmes. Denn ich nehme diese Abwehr nicht persönlich, auch dann nicht, wenn sie in Angriff ausartet. Weil ich meine eigenen Schutz- und Abwehrmechanismen erkannt habe, kann ich verstehen, was sich im anderen abspielt. Ich kann erkennen, welche unbewussten Abläufe im Gange sind. Der einzig wirkliche Schutz, das weiß ich heute genau, erwächst aus Akzeptanz und Mitgefühl. In der »wahren« Kommunikation von Herz zu Herz bin ich geschützt, und in diesem geschützten Raum entfalten sich Wahrheit, Liebe und Freude.

Heute ist es mein Wunsch, jedem Menschen, egal wer er ist oder woher er kommt, dieses Geschenk zu machen – das Geschenk der Akzeptanz und des Mitgefühls, der Liebe. Heute kann ich annehmen, was andere Menschen zu geben haben. Das menschliche Miteinander ist zum Spielplatz meiner Verwirklichung geworden.

Projektion und Ego

Was wollen uns all diese Frage- und Antwortspiele letztlich zeigen?

Sie zeigen uns, dass wir lernen können, Trennungsmuster wach und bewusst wahrzunehmen. Wir können lernen, jene Botschaften zu erkennen, die uns den Verlust der Integrität, den Verlust der Ganzheit, den Verlust von Wahrheit, Liebe und Freude signalisieren.

Wenn ich von »Trennung« spreche, so schließt dies *falsche Bindungen* mit ein: alle Formen vermeintlicher »Liebe«, die zu Verstrickung, Manipulation, Abhängigkeit, Dominanz und seelischer oder energetischer Ausbeutung führen. Diese falschen Bindungen sind nicht zu unterschätzen. Fast alles, was wir heute unter Liebe verstehen, beruht auf solchen »Spielchen« – mit denen wir uns gegenseitig Lebensenergie rauben, weil wir nicht wissen, wie wir diese aus uns selbst heraus erzeugen können.

Es gibt verschiedene Arten von Trennungsmustern

1 ***patriarchale Muster;***

2 ***Muster, die das Resultat unserer Sinnsuche im Außen sind;***

3 ***Muster, die wir immer wieder aktivieren und bestärken, wenn wir nicht aus Wahrheit, Liebe und Freude handeln, sondern aus Selbstsucht, Dummheit und Faulheit[4] (den einzigen echten »Sünden«);***

4 Muster, die durch den Mangel an Liebe, Geborgenheit, Sicherheit etc. entstanden sind;

5 Muster, die wir erzeugen, wenn wir unser Licht und unseren Schatten auf andere projizieren.

In letzter Konsequenz basieren alle Trennungsmuster auf Projektion: Sie projizieren die Vergangenheit auf die Gegenwart.

➛ Trennung ist eine Illusion!

Wenn wir über Projektion sprechen, so müssen wir auch auf die beiden Richtungen eingehen, in denen Projektionen ablaufen können. Einmal können nämlich *wir* diejenigen sein, die nach außen projizieren. Genauso gut aber können wir selbst zur Projektionsfläche werden. In diesem Fall projizieren *andere* ihre Schatten, ihr ungelebtes Licht oder ihre Vergangenheit auf uns. Versäumen wir es, die auf uns gerichteten Projektionen – zum Beispiel Erwartungen, Beschuldigungen, Vorurteile, aber auch übermäßige Verehrung und Bewunderung – fernzuhalten, dann erschaffen wir durch unsere Unterlassungsfehler einen neuen Nährboden für Trennung, Negativität, Verstrickung und Abhängigkeit.

Alle Glaubensmuster, die mit Trennung zu tun haben, klammern etwas aus dem Ganzen und damit aus unserem Bewusst-Sein aus und bewirken ein Opfer- und Mangelbewusstsein. Sie beschränken nicht nur unsere Wahrnehmung und Unterscheidungsfähigkeit, sondern auch unsere Willenskraft und vor allem unsere unmittelbare Kreativität. Alles, was wir abwerten und hassen, richtet sich gegen uns selbst. Alle Ängste blockieren die Lebenskraft.

Wenn ich unehrlich bin, trenne ich mich von mir selbst ab und projiziere alle Handlungen, Gedanken, Gefühle und Absichten, die ich verbergen möchte, auf meine Mitmenschen. Ich leugne meine dunkelsten Seiten, indem ich sie in die Welt hinausprojiziere. Auf diese Weise vermeide ich meine persönliche Verantwortung.

Die erste Spielregel der Selbstrealisation lautet daher:

**Fange bei dir selbst an, und zwar dort,
wo du dich im Augenblick befindest.
Das heißt: Sei authentisch, ehrlich, wahrhaftig.**

Vorbei ist vorbei.

In unserem Inneren wirken zwei Kräfte, die ständig miteinander im Widerstreit liegen. Die eine entspringt der Sehnsucht nach Vollkommenheit und Ganzheit, die andere dagegen jenem Denken, das auf Unwissenheit und Trennung beruht und die Blaupause unserer falschen Selbstbilder darstellt. Letztere wird in den östlichen Philosophien »Ego« genannt. Auf einen gemeinsamen Nenner gebracht, beinhaltet das Ego alle Denkgewohnheiten, die nicht mit der inneren Wahrheit in Einklang stehen. Denn unser wirkliches Selbst *ist* Wahrheit, Liebe und Glückseligkeit. Nur das und nichts als das. Es ist verbunden mit allem, was ist. Arbeiten wir gegen das Ganze, dann arbeiten wir gegen uns selbst.

Das Verflixte daran ist, dass wir die Wahrheit und das wahre Selbst nicht erkennen können, solange wir uns mit falschen Selbstbildern identifizieren und uns von Glaubenssätzen der Trennung beherrschen lassen. Die fruchtbarste Arbeit, die wir in unserem Leben vollbringen können, besteht deshalb darin, unsere Konditionierungen loszulassen.

Süchte und Wünsche

Was aber veranlasst uns dazu, ständig zu projizieren? Welches ist der Auslöser dieses meist unbewussten Dranges? Es ist die Sehnsucht nach Vollkommenheit – *deren Erfüllung wir im Außen suchen.*

Die Suche im Außen führt zur Sucht, die uns ohne Ende suchen lässt; die niemals gestillt werden kann, weil dort draußen dauerhafte Erfüllung nicht zu finden ist.

Letztlich liegt der Grund für den Drang zur Projektion in der Unfähigkeit des Menschen, zwischen Sucht und Wunsch zu unterscheiden.

Sowohl Wunsch als auch Sucht sind Ausdruck der Sehnsucht nach Vollkommenheit. Im Falle der Sucht wird Vollkommenheit nach außen projiziert und führt in die Trennung. Im Falle des Wunsches führt sie nach innen, zur Ganzheit.

Sucht ist irregeleitete Sehnsucht. Verzweifelt suchen wir dort draußen nach der Quelle der Erfüllung. Ebenso projizieren wir unser Licht nach außen – auf Autoritäten und Idole. Und schließlich projizieren wir unsere Fehler auf andere Menschen. Wir geben *ihnen* die Schuld. Dabei haben *wir* es versäumt, unsere Schatten anzuschauen!

Alle Süchte machen abhängig von äußeren Faktoren. Daher zählen sie zu den »falschen Bindungen«, die das natürliche Spiel der Kräfte blockieren.

In den traditionellen spirituellen Schulen wurde nicht zwischen Wunsch und Sucht unterschieden. Beides wurde in einen Topf geworfen. Den Inhalt des Topfes betrachtete man als das größte Hindernis auf dem spirituellen Weg. Daher musste er – oft unter Einsatz rigoroser Läuterungsmethoden – beseitigt werden. Mit einem solchen Rundumschlag wurde aber auch die positive, natürliche Seite abgeschnitten, jene Seite, die wir »Wunsch« nennen. Das Kind wurde sozusagen mit dem Bade ausgeschüttet.

Wie in *Amo ergo sum* gezeigt wurde, kann der Wunsch bei der Selbstrealisation äußerst förderlich eingesetzt werden. Er beschleunigt den Weg um ein Vielfaches. Und nicht nur das: Das Wichtigste ist, dass unter Einsatz des Wunsches der Weg *genussvoll* zum Ziel führt und daher für die meisten Menschen wesentlich attraktiver ist als der Weg der Entsagung. Wollen wir eine neue *kollektive* Wirklichkeit erschaffen, dürfen wir die Erfüllung unserer tiefsten Wünsche nicht länger ausklammern!

Da Wünsche immer an die Sinne gekoppelt sind, wurden in den traditionellen Schulen auch die Sinne negiert und alle Formen von Sinnlichkeit unterbunden. Aus der integralen Sicht ist dies nicht länger notwendig. Im Gegenteil: Sinnlichkeit und Spiritualität können, ja, sollen miteinander verbunden werden.

Dies kann jedoch tatsächlich nur im Bewusstseinszustand der Liebe geschehen. Für die Vermählung der beiden Pole brauchen wir nämlich ein Bindeglied: Ethos – eine natürliche Ethik, die aus dem Bewusstsein der Verbundenheit allen Seins erwächst. Solange wir uns innerhalb des patriarchalen Denkmodells bewegen, können wir diese Liebesethik und die damit einhergehende Liebesintelligenz nicht entwickeln.[5]

Dass die Erfüllung unserer tiefsten Wünsche Hand in Hand geht mit der »Erleuchtung«, ja, diese sogar noch ungemein beschleunigt, ist in der Tat eine völlig neue Betrachtungsweise. Die Zusammenführung von Sinnlichkeit und Spiritualität[6] ist eine R/Evolution, die – so kann ich mir vorstellen – noch heftige Widerstände hervorrufen wird.

Valentin Tomberg hatte in seinem Werk *Die großen Arkana des Tarot*[7] fünf Hauptströmungen von »Wünschen« herausgearbeitet (siehe Seite 62).

Ersetzen wir in Tombergs Kategorisierung den Begriff »Wunsch« durch »Sucht« und ergänzen dann jene natürliche Seite, die wir »Wunsch« nennen, entsteht die folgende Tabelle, welche Tombergs Arbeit in die integrale Richtung weiterführt.[8] Wir können diese Tabelle »Die fünf Süchte und die fünf Wünsche« nennen. Sie zeigt uns, dass hinter jeder Sucht ein tiefer Wunsch verborgen liegt, ein Wunsch, der uns der Verwirklichung des wahren Selbst entgegenführen möchte. Sie zeigt den Weg von der Projektion zur Selbstverantwortung auf.

Wenn wir die Gefahr der Projektion vermeiden wollen, müssen wir Verantwortung übernehmen: die volle, absolute Selbstverantwortung, und zwar sowohl die Verantwortung für die Konsequenzen unserer Süchte als auch die Verantwortung für die Erfüllung unserer Wünsche.

Die fünf Süchte und die fünf Wünsche

Von der Projektion zur Selbstverantwortung

	Sucht → Trennung		Wunsch → Ganzheit
1	*die Sucht, größer und besser zu sein als …*	1	*der Wunsch über sein kleines Selbst hinauszuwachsen*
2	*die Sucht zu nehmen (Gier)*	2	*der Wunsch zu empfangen (die göttliche Gnade: Weisheit, Liebe, Lebensenergie)*
3	*die Sucht festzuhalten*	3	*der Wunsch nach Verankerung im unwandelbaren Wesenskern*
4	*die Sucht, auf Kosten anderer vorwärts zu kommen*	4	*der Wunsch nach Entfaltung des individuellen Potenzials*
5	*die Sucht, sich zu behaupten*	5	*der Wunsch nach persönlicher Autonomie*

Tomberg bezeichnete die fünf »Sucht-Wünsche« als die fünf Wunden Christi. Das Christusbewusstsein ist das Bewusstsein allumfassender, bedingungsloser Liebe und Ganzheit. Süchte führen zur Trennung. Die Trennung von Liebe und Ganzheit aber ist der große Verursacher von Leid und Schmerz.

Diese Wunden schmerzen umso mehr, wenn man erkennt, wie unnötig sie sind.

Teil zwei Reinigung

An der Schwelle zu einem neuen Bewusstsein

Bisher suchten wir im Außen nach der Erfüllung unserer Sehnsucht: in materieller Sicherheit, Reichtum und Besitz, in Ruhm, Ehre und gesellschaftlichem Status, in einer beruflichen Karriere, in zwischenmenschlichen Beziehungen, Sex und Konsum, aber auch in Ideologien und politischen Systemen, in Idealismus, körperlicher Gesundheit und nicht zuletzt in Gott. Nicht nur das Glück suchten wir dort, ebenso gaben wir äußeren Faktoren die Schuld für unser Leiden, unsere Krisen und Probleme.

Nachdem wir alle erdenklichen Möglichkeiten materieller Erfüllung ausprobiert haben, stehen wir heute vor der kollektiven Erkenntnis: Dauerhafte Vollkommenheit kann nicht allein auf Äußerlichkeiten gegründet werden. Denn diese weisen allesamt einen ganz spezifischen Mangel auf: Sie sind unbeständig. Sie sind Verlust und Veränderung unterworfen. Tatsächlich können wir sie von einer Sekunde auf die andere verlieren, durch Unfall, Krankheit oder Tod, Verbrechen und böse Absicht, private, familiäre und gesellschaftliche Notlagen oder Krisensituationen.

Heute sind wir am äußersten Ende der Trennung von der Ganzheit angelangt. Wir stehen an einem Punkt, an dem wir uns nicht länger vormachen können, dass Wahrheit, Vollkommenheit, Freude und Glück außerhalb von uns zu finden seien. Ein Bewusstseinswandel wird allein schon durch die Tatsache herbeigezwungen, dass wir uns selbst und unseren Lebensraum zerstören, wenn wir weitermachen wie bisher. Allmählich erkennen wir, dass wir die Sehnsucht nach Vollkommenheit mit den falschen Mitteln gestillt haben. Unsere bisherigen Überzeugungen und Werte, die Art und Weise, wie wir die Welt und den Menschen definierten, haben sich in ihrer Einseitigkeit selbst ad absurdum geführt.

Paradoxerweise liegt aber genau hier die riesige Chance für unsere kollektive und individuelle Befreiung. Denn von hier aus lässt sich das gesamte Panorama der bisherigen Schöpfungsspiele überschauen, lässt sich *wirkliche Bewusstheit erlangen*. Es ist eine Zeit, die ein enormes Wachstumspotenzial in sich birgt: die Chance nämlich, den Wandel bewusst zu nutzen, um uns selbst und alles um uns herum auf eine höhere Bewusstseinsstufe zu erheben. Unsere Bewusstseinsgeschichte befindet sich an einem Wendepunkt, vielleicht an einem der spannendsten Punkte, welche die Menschheit je erlebte.

Es ist eine Zeit voller Herausforderungen, und die größte Herausforderung ist dabei an uns selbst gerichtet – an jeden Einzelnen von uns! Um den Wandel konstruktiv bewältigen zu können, müssen wir in unseren unwandelbaren Wesenskern zurückkehren und uns dort – in unserer wahren Identität – verankern. Menschen kommen mit dem Wandel nur zurecht, wenn sie diesen Kern gefunden haben. Der Schlüssel zur Wandlungsfähigkeit liegt in jenem unwandelbaren Gefühl dafür, wer wir wirklich sind und wohin unser Lebensweg führt. Mit anderen Worten: Wir müssen die Initiation, die uns unsere Kultur versagt, selbst vollziehen, in unserem Inneren.

Jeder Aufbruch ins Neue beginnt mit dem Abschied vom Alten, jede Initiation mit dem Loslassen einengender Strukturen. Der Abschied sollte ein freiwilliger und freudvoller sein. Wir sollten nicht auf den Zeitpunkt warten, an dem er durch äußere Umstände erzwungen wird. Jetzt, genau jetzt sind wir aufgerufen, jene Teile der alten Wirklichkeit abzuwerfen, die ausgedient haben. Wir sollten unser Bewusstsein einer gründlichen Reinigung unterziehen. Gelingt uns das, können wir den Speicher des kollektiven Unbewussten vollständig entrümpeln und den ausgelebten Gedankenballast der ganzen Menschheitsgeschichte hinter uns lassen.

Die positiven Seiten des Patriarchats müssen dabei weder vergessen noch aufgegeben werden. Vielmehr gilt es, die Entwicklungen in Wissenschaft und Technik, im Bereich der Medizin, Wirtschaft und Kunst, im Bildungswesen und in den modernen Kommunikationstechnologien zu *würdigen*, die zu einem riesigen Reservoir an Wissen und Erkenntnis führten. Noch nie zuvor hatten wir eine solche Fülle an wunderbaren Erkenntnissen und Fähigkeiten zur Verfügung, um sowohl die höchste Vision von uns selbst als auch den Himmel für alle erschaffen zu können. Daran lässt sich erkennen, dass das patriarchale Modell letztendlich nicht *gegen* die Evolution arbeitete. Der innerste Impuls war stets *im Sinne der Evolution*; nur wir Menschen, als Mit-Schöpfer der Wirklichkeit, drückten ihm aus Unwissenheit einen negativen Stempel auf.

Loslassen

Erinnerst du dich an die Kellerszene in dem anfangs geschilderten Traum? Wie ich schon sagte: Der Traum nahm in meinem wirklichen Leben Gestalt an. Drei Jahre lang mistete ich alles Trennende, Negative und Destruktive aus, das ich entdecken konnte. Ich ließ hinter mir, was nicht zu meiner innersten Wahrheit passte und mich daher in körperliche oder seelische Spannung versetzte. Ich klärte, was es zu klären gab: a) mein Verhältnis zu mir selbst und zu meinem Körper, b) die Familienbande, c) meine Partnerschaft, d) mein Verhältnis zur Natur und zur Welt. Ich löste alle Verstrickungen und Unklarheiten in meinem Freundes- und Bekanntenkreis. Unerledigtes wurde erledigt, Undurchsichtiges erhellt.

Es war nicht immer leicht. Sich bewusst mit dem Schatten zu konfrontieren – mit dem eigenen wie auch mit dem der anderen –, erforderte viel Mut. Aber es war eine hervorragende Schulung, die mich letztlich nur stark machte und mir außerdem eine ganze Reihe von Herzensqualitäten bescherte: Aufrichtigkeit, Verantwortung, Wahrhaftigkeit, Willenskraft, die Fähigkeit der Vergebung und echte Integrität. Die zunehmende Selbsterkenntnis, gepaart mit der Bereitschaft, Trennung in Liebe zu verwandeln, ließ mich Selbstachtung entwickeln. Plötzlich mochte ich die, die mir im Spiegel entgegenschaute. Ich mochte sie wirklich.

Auf allen Ebenen kehrte eine wundervolle Klarheit ein, in der das Wesentliche sichtbar wurde. Durch das Abwerfen des Ballastes, den ich jahrzehntelang mit mir herumgeschleppt hatte, wurde enorm viel Energie und Lebensfreude frei, die ich nun zur Verwirklichung meiner Pläne verwenden konnte. Nichts sollte mehr auf die Zukunft verschoben werden. *Jetzt* wollte ich meine Träume wahr werden lassen.

Aus der Alchemie wissen wir, dass das »solve et coagula« in dauerndem Wechsel zu geschehen hat. Löse, was zusammenklumpt und sich aneinander reibt. Ist es dir gelungen, es zu lösen, so bring es wieder zusammen. Dieses »solve et coagula« betrifft vor allem Beziehungen, egal welcher Art, ob elterliche, partnerschaftliche oder freundschaftliche. Wir müssen loslassen lernen, um uns neu zu verbinden. Erst diese neue Verbindung ist eine reine Verbindung.

Körperliche und energetische Reinigung

»Man füllt nicht neuen Wein in alte Schläuche«, heißt es im Neuen Testament bei Matthäus 9,17. Auf dem Weg nach innen wird enorm viel Kraft freigesetzt. Mit der Erschließung höherer Bewusstseinsebenen werden unsere Energien feinstofflicher. Sie pulsieren schneller. Füllt man neuen, noch gärenden Wein in alte Schläuche, werden diese durch den entstehenden Druck zum Platzen gebracht.

Der Schlauch ist mit unserem Körper-Seele-Geist-System vergleichbar. Der neue Wein entspricht dem liebenden Bewusstsein und der damit verknüpften schnell schwingenden Energie. Wir müssen unser irdisches System zu einem neuen Gefäß, zu einem neuen Weinschlauch machen, um es auf das Empfangen höherer Energien vorzubereiten. Unterlassen wir diese wichtige Aufgabe, werden wir empfindlich aus der Balance geraten.

Verzweiflung und innere Unruhe, Schlaflosigkeit, chronische Müdigkeit, psychische Labilität, aber auch körperliche Dysfunktionen wie Verdauungsprobleme und Hautreizungen können die Folge sein. Sie gehören zu den typischen Symptomen der »finsteren Nacht«. Die finstere Nacht der Seele – ein Ausdruck, der von Theresa von

Avila geprägt wurde – nimmt Bezug auf jene wichtige Erstphase. In dieser Phase ist die Ahnung vom Licht der Freiheit bereits erwacht, doch die Verfinsterungen falscher Selbstbilder und trennender Überzeugung sind noch vorhanden. Diese Phase wird oft als ein heftiger innerer Kampf von Licht und Finsternis erlebt. Jetzt ist es unumgänglich, auf *allen* Ebenen reinigend mitzuwirken, nicht nur auf der seelisch-geistigen. Der Prozess schließt daher auch die physische Reinigung, eine angemessene Ernährung, körperliches Training und die Pflege des Atems mit ein. Die indischen Yoga-Schulen betrachten den Körper als Tempel, dessen Reinerhaltung eine wesentliche Voraussetzung für den »Einzug des Göttlichen« ist. Zwar ist das Göttliche stets vorhanden und wohnt immer in uns, doch will es gepflegt und kultiviert werden, um sich durch uns mitteilen zu können. Während der Reinigungsphase dürfen wir der Weisheit eine Wohnung bereiten. Genießen wir diese Aufgabe als Lernphase, statt sie als Kampf zu betrachten, wird es nicht lange dauern, bis wir uns mit der Weisheit verbinden können.

In Zeiten intensiver Reinigung empfiehlt es sich, häufig ausgedehnte Meersalz- oder Mineralbäder zu nehmen. Wir alle kennen die aufhellende Wirkung eines Aufenthaltes am Meer oder eines Bades in einer heißen Quelle. Mineralsalze neutralisieren verbrauchte Energien, remineralisieren und unterstützen den Abtransport von Säuren und Schlacken aus dem Gewebe. Auch alle Formen von Massagen oder tägliche Bürstenmassagen können äußerst hilfreich sein, denn sie lockern alte Energien auf. Alle unsere Glaubensmuster sind in der Muskulatur gespeichert und können daher auch über die körperliche Ebene mobilisiert werden.

Eine ähnliche Funktion haben Sport, Körpertraining und Bewegung. Besonders empfehlenswert sind Laufen, Schwimmen und Tanzen. Denn dabei können wir lernen, Körper, Seele und Geist ineinander fließen zu lassen. Sportliche Bewegung kann zu einer Meditation werden. Verfalle nicht in Perfektionszwang, sondern bleibe ein Amateur, ein Liebender, sodass deine Sinne wach werden und deine Freude ungetrübt bleibt.

Von Anfang an sollten wir uns reine, unverfälschte und vollwertige Nahrungsmittel gönnen. Hier dürfen wir uns vom Notwendigen das Beste nehmen, und dies bewusst, liebevoll und mit Genuss zubereiten und verzehren. Genussmittel wie Tabak, Alkohol, Kaffee und Süßigkeiten sollten allmählich auf ein stimmiges Maß reduziert werden. Die Ausleitung von Schlacken und Energiemüll lässt sich durch Kräutertees und das Trinken großer Mengen reinen Wassers erheblich unterstützen.

Eine weitere wichtige Rolle bei der inneren Reinigung spielt die Pflege des Atems. Der Atem ist die Verbindung von innen und außen, von Individuum und Universum. Er ist Träger der Lebensenergie *(prana, chi)* und Vermittler der kosmischen Energiesignale. Bei vielen Menschen sind der Atemfluss und damit der natürliche Energieaustausch durch negative Angewohnheiten oder trennende Überzeugungen blockiert. Diese Blockaden können jedoch überwunden werden, indem wir uns angewöhnen, unseren Atem zu beobachten und dann *bewusst* zu atmen: ruhig, tief, gelassen. Fülle deinen ganzen Körper mit der reinigenden Kraft des Atems. Richte die Aufmerksamkeit auf dein Herz. Atme aus, was dich belastet, und nimm mit dem Einatmen Ruhe, Frieden und Liebe auf – oder diejenigen Eigenschaften, die du im Moment benötigst. Sehr schnell wirst du mit dieser einfachen Übung dein inneres Gleichgewicht wiedererlangen.

Spezielle Reinigungsübungen

Während der »Läuterungsphase« war für mich eine Reihe von spirituellen, energetischen, mentalen und körperlichen Reinigungstechniken von größter Bedeutung. Im Laufe der Zeit sind mir Hunderte solcher Übungen begegnet. Die unten angeführten haben sich sowohl in meiner individuellen Praxis als auch in den Seminaren als besonders effektiv erwiesen.

Auch in diesen Übungen geht es um die Entfernung von energetischen Verfestigungen, die durch Gewohnheiten, Neigungen und Süchte entstanden sind: um die Reinigung von Eindrücken also, die sich durch ständige Wiederholung verhärtet haben. Es geht um die

Durchleuchtung und Transformation unbewusster Prägungen und Konditionierungen. Denn solche Verfestigungen können unsere Bemühungen, hier und jetzt in Liebe und Bewusstheit zu leben, erheblich untergraben. Wie jedoch die jahrtausendealten Erfahrungen der spirituellen Praxis zeigen, können wir das Untere Selbst beziehungsweise das Unterbewusstsein erziehen, diese Muster allmählich zu entkräften. Genau dies ist der Sinn der folgenden Reinigungsübungen.

Jedes spirituelle Training beginnt mit der inneren Reinigung. In der Energiearbeit würde man von der Klärung der Aura und der Chakras sprechen. Ohne in dieser Form an sich zu arbeiten, würde man weder erleuchtende Klarsicht noch unterscheidende Weisheit erlangen. Da im Verlauf des Reinigungsprozesses alle Tendenzen zu Selbstsucht, Gier, Hass, Eifersucht und anderen trennenden Emotionen aufgearbeitet werden, verringert sich damit auch die Gefahr, die allmählich erwachsende »Macht« zu missbrauchen.

Swami Vivekananda stellte einmal heraus: Der Reinigungsprozess sei vor allem deshalb von entscheidender Bedeutung, weil sich auf diese Weise alte Muster, die durch die Wirklichkeit ja ständig neue Nahrung bekommen, nicht weiter verhärten könnten. Genau darum geht es. Wenn wir von »loslassen« sprechen, dann meinen wir fälschlicherweise meist, dass wir durch Einsatz bestimmter Praktiken Trennungsmuster ein für alle Mal aus unserem »System« tilgen könnten. Lernen wir jedoch die Funktion des Unterbewusstseins verstehen, dann erkennen wir: Endgültiges »Löschen« ist gar nicht möglich. Das Untere Selbst ist der persönliche Erinnerungs- und Gedächtnisspeicher. Es kennt kein Vergessen, und das ist gut so. Irgendwann könnten uns sonst wichtige Informationen fehlen, und dies würde wiederum zu mentaler Verwirrung und psychischen Erkrankungen führen. Das Untere Selbst kann nur *geschult* werden, Negatives ruhig zu stellen und es nicht immer wieder von neuem zu bestärken. Je mehr Liebe und Herzensqualitäten wir leben, desto weniger werden negative Einprägungen aktiviert. Auf diese Weise werden grobe, dichte, schmutzige und kranke Energien aufgeweicht. Sie werden durchlässig für das Licht der Wahrheit. Mit der Zeit verschwindet die schlechte Energie. Das Muster bleibt jedoch für immer gespeichert. Wir lösen also nicht die Information auf, sondern die daran gebundene Energie. Damit setzen wir das Muster außer Kraft. Denn dieses braucht – wie alles andere auch – Energie, um wirken zu können. Sprechen wir von »auflösen« oder »loslassen«, dann meinen wir also immer den energetischen Prozess.

Die Wirksamkeit subtiler Reinigung entzieht sich dem Verständnis, bis sie erfahren wird.

Das magische Dreieck

Das magische Dreieck ist eine Imaginationsübung, die man allein oder in der Gruppe machen kann. Sie dient dem Erkennen und Bereinigen von trennenden Überzeugungen oder Verhaltensmustern. Ihre Anwendung ist sinnvoll bei der Klärung von ganz bestimmten Fragen. Daher wird sie nach Bedarf ausgeführt. Dauer: 30 bis 60 Minuten.

Das Dreieck ist ein uraltes, universales, spirituelles Symbol und birgt schon aufgrund dieser Tatsache eine enorme Kraft. Das Untere Selbst spricht auf Symbole sehr schnell an und öffnet sich vollständig. Daher ist es wichtig, im Verlauf der Übung jeder Idee, jedem Bild, jedem Gefühl und jeder Erinnerung, die aus seinen Tiefen auftauchen mag, wertfreie Aufmerksamkeit zu schenken – auch wenn diese unserem Mittleren Selbst noch so abwegig erscheinen.

ÜBUNG Wir entspannen uns, nehmen ein paar tiefe Atemzüge, schließen die Augen und visualisieren ein Dreieck vor uns. Es muss nicht groß sein, gerade so, dass wir handlich damit umgehen können. Die obere Spitze des Dreiecks soll das Hohe Selbst repräsentieren, die untere linke Spitze das Untere Selbst und die untere rechte Spitze das Mittlere Selbst. Das Dreieck befindet sich also spiegelverkehrt vor uns; ein Kunstgriff, um die beiden Gehirnhälften auszugleichen.

Jetzt beginnen wir mit der neuen Erfahrung, einen alten Glaubenssatz aufzulösen. Wir schreiben mit unserem äthe-

rischen Finger die Absicht auf die Spitze des Dreiecks. Ich
ÜBUNG löse JETZT ... (Glaubenssatz) ... auf.

Das Untere Selbst wird sofort beginnen, die damit verbundenen Muster und Erinnerungsmomente aufzutischen. Mit Hilfe des ätherischen Fingers fahren wir fort, alle diese Einwände niederzuschreiben, und zwar auf der linken Seite des Dreiecks, also jener Seite, die vom Unteren zum Hohen Selbst führt. Typische solcher Strukturen sind: Ich kann es nicht tun. / Ich glaube es noch nicht so ganz. / Ich bin unwürdig. / Ich bin noch lange nicht vollkommen. / Es ist ein Sakrileg, so etwas anzunehmen. / Angst, durch eine andere Instanz bestraft zu werden. / Todesangst / Angst vor der Größe / Angst vor der Verantwortung ...

Sind alle Strukturen offensichtlich geworden oder beginnen sich zu wiederholen, springen wir auf die rechte Seite des Dreiecks in das Mittlere Selbst und schreiben darauf unsere bewussten Widerstandsstrukturen nieder: Ich stecke in der Beeinflussung aus der Vergangenheit fest. / Ich habe Angst vor diesem Zustand. / Zweifel / Panik / Versagen.

Jetzt aktivieren wir das Dreieck mit den Farben Grün und Blau, indem wir die äußeren Linien wie von einer Neonreklame im Uhrzeigersinn umfließen lassen. Jede Farbe lassen wir dreimal herumfließen.

Alsdann visualisieren wir uns selbst in die Mitte des Dreiecks, so wie wir gerade sind – mit derselben Kleidung, derselben Frisur –, als stünden wir unserem verkleinerten Ebenbild gegenüber. Manchen Menschen bereitet es beträchtliche Schwierigkeiten, ihr großes Selbst visuell in das kleine Dreieck zu zwängen. In diesem Fall ist es hilfreich, sich zu sagen, dass wir uns jederzeit so groß erschaffen können, wie es unseren Bedürfnissen entspricht.

Als Nächstes visualisieren wir eine goldene Röhre, die aus dem leeren Raum durch die Spitze des Dreiecks, durch unser körperliches Ich in der Mitte und durch den Basismittelpunkt hindurch tief in die Erde führt. Diese Röhre wirkt wie ein kosmischer Staubsauger, der alle alten Strukturen aus unserem Selbst entfernt, die mit dem entsprechenden Glaubenssatz in Zusammenhang stehen. Der Durchmesser der Röhre muss so groß sein, dass die von uns aufgeschriebenen Glaubensmuster mühelos und schnell aufgesogen werden können. Durch unseren Willen aktivieren wir den Sog, der sich an der Spitze der Röhre befindet. Er wird alle Unklarheiten aufsaugen. Wir spüren, wie wir innerlich freier und reiner werden, genießen und intensivieren dieses Gefühl, erfüllen das Bild mit Freude und fahren so lange damit fort, bis wir völlig leer sind. Die Dauer der Übung ist daher sehr individuell.

ÜBUNG

Zum Schluss lassen wir unser physisches Ebenbild aus dem Dreieck herausspringen und schauen zu, wie eine gleißend violette Spirale auf unser Dreieck niederkommt und alles verwandelt, was noch übrig geblieben ist. Sämtliche Restbestände lösen sich in ihrem Licht auf und schließlich auch das Dreieck.

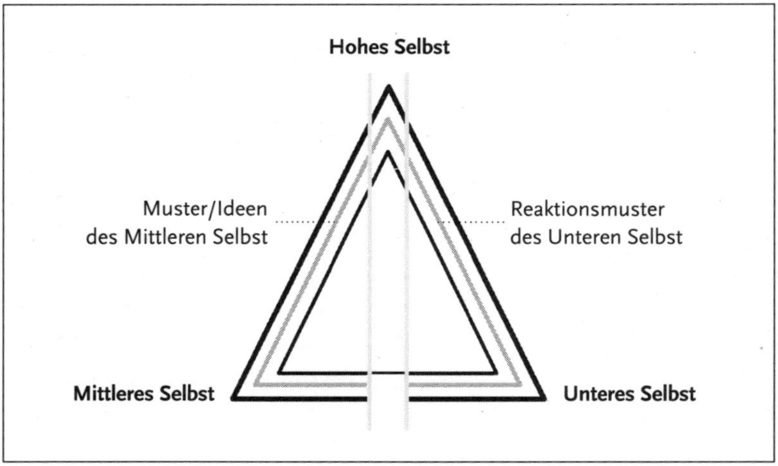

Mit dieser Technik können wir die Zwanghaftigkeit falscher Glaubensstrukturen und Verhaltensweisen auflösen. Solche Muster bestehen jedoch aus vielen Schichten und müssen jedes Mal von neuem bearbeitet werden, wenn sie wieder erscheinen. Sie mögen bei neuerlichem Auftauchen eine unterschiedliche Formulierung haben, doch ihre Grundstruktur bleibt dieselbe. Haben wir ein Muster losgelassen, sollten wir ihm Zeit geben, sich zu verändern. Es ist, als hätten wir einen schweren Ziegelstein von einem Plüschteppich genommen, auf dem er lange Zeit gelegen hat. Wenn wir den Stein wegnehmen, wird es eine Weile dauern, bis sich der Teppichflor wieder aufrichtet.

Selbst wenn wir nicht besonders viel »gefühlt« haben, sollten wir auf die reinigende Wirkung der Übung vertrauen. Da jetzt die bindende und blockierende Energie des Musters aufgelöst ist, können wir alle Gewohnheiten aufgeben, die mit ihm verbunden waren. Es gilt, Entscheidungen zu fällen und die Kraft des Willens zu nutzen, um sich neue, konstruktive Gewohnheiten anzueignen. Ansonsten werden sich die alten Muster wieder einnisten. Doch nachdem wir die Konditionierungen durch Imagination herausgenommen haben, wird es uns viel leichter fallen, das zu verändern, was wir schon immer verändern wollten.

Cleaning

Neben den Mustern, an denen wir ganz bewusst arbeiten, gibt es zahlreiche andere energetische Verunreinigungen. Sie fallen täglich als Produkt trennender Gedanken, Gefühle und Handlungen an und fallen uns zunächst gar nicht auf. Diese lassen sich mit dem folgenden Cleaning entfernen. Die Übung stammt aus dem *Sahaj Marg*, einer modernen Schule des *Raja-Yoga*. Sie sollte regelmäßig, das heißt täglich, durchgeführt werden, bevorzugt am Abend vor dem Schlafengehen. Der Erfolg dieser Methode liegt in der Kontinuität, wird also durch Willenskraft unterstützt. Die Dauer des täglichen Cleanings kann sehr unterschiedlich sein. Manchmal genügen fünf Minuten, bis wir uns frei, rein und grenzenlos vorkommen; an anderen Abenden benötigen wir vielleicht eine halbe Stunde.

ÜBUNG Setz dich aufrecht hin und richte die Aufmerksamkeit auf den Atem. Mit dem Einatmen nimmst du Ruhe und Frieden

ÜBUNG auf, mit dem Ausatmen gibst du alle Formen körperlicher, seelischer und mentaler Spannung ab. Alle Muskeln, alle Nerven lassen los. Mit jedem Atemzug lösen sich die Spannungen weiter auf, bis du vollkommen ruhig, vollkommen entspannt bist.

Nun richtest du deine Aufmerksamkeit auf das rückwärtige Herzchakra und entzündest dort in Gedanken ein Feuer. Gib dich nun der Vorstellung hin, dass alle Eindrücke des Tages, die deine Handlungen und Gedanken in dir hinterlassen haben, alle energetischen Verunreinigungen, sämtliche Verstrickungen und Verwirrungen in dieses Feuer wandern und verbrennen. In kleine Rauchwölkchen verwandelt, entweichen sie aus deinem Energiesystem.

Zugleich formst du den Gedanken, dass göttliche Gnade, das heißt bedingungslose Liebe, von vorne in dein Herz einströmt und das entstandene Vakuum füllt. Denke nicht über die Dinge nach, die du loslassen willst. Gib sie einfach ab. Genieße die Reinigung wie ein luxuriöses Bad.

Porebreathing

Das Porebreathing bewirkt eine energetische Tiefenreinigung, ähnlich wie das Bad für den Körper. Es wird in der Badewanne oder beim Sonnenbad angewandt und dauert zehn bis 20 Minuten.

ÜBUNG Du liegst entspannt im warmen Wasser der Badewanne oder nimmst ein Sonnenbad. Das Wasser und die milde Luft umspielen sanft deinen Körper und deine Haut. Du gibst dich ganz an dieses Umschmeicheltwerden hin und genießt die reinigende Wirkung des Wassers beziehungsweise der Sonnenstrahlen.

Nun richtest du deine Aufmerksamkeit auf deine Hautporen und stellst dir vor, wie sie sich vollständig öffnen. Die weit geöffneten Poren deiner Haut bilden Millionen von

ÜBUNG

kleinen Öffnungen, durch die du Schlacken und energetischen Abfall abgeben kannst. Dies tust du mit dem Ausatmen.

Mit dem Einatmen nimmst du die reinigende Kraft des Wassers oder des Sonnenlichts in dich auf, führst sie mit Hilfe des Atems in alle Körperregionen, bis in die kleinste Zelle, wo sie allen Schmutz aufsammelt. Dann gibst du den Schmutz mit dem Ausatmen wieder nach außen ab. Je intensiver du den Vorgang genießen kannst, desto stärker wird die Wirkung der Übung sein.

Schüttelmeditation

Die Schüttelmeditation ist eine energetische Körperübung, die allein oder in Gruppen ausgeführt werden kann. Es ist die beste Methode, um gestaute Energien ins Fließen zu bringen. Sie lockert die Muskulatur, erfrischt den Geist, macht wach und bringt uns in Minutenschnelle auf andere Gedanken. Unterstützt wird sie durch rhythmische Musik, etwa afrikanisches Trommeln. Man kann sich ihr hingeben, solange man möchte. Mein Freund Gerardo Pizarro, ein peruanischer Schamane, lässt die Teilnehmer seiner Mesa-Rituale sich mindestens eine Stunde lang schütteln. Erst dann kommt sein reinigender Kräutertrunk zur Anwendung, um die gelösten Schlacken abzutransportieren. Unmittelbar nach der Übung sollte man daher ein bis zwei Gläser Wasser trinken.

ÜBUNG

Von unten beginnend, lassen wir den Körper in kleinsten Bewegungen tanzen. Wir schütteln Füße, Beine, Becken, Rumpf, Hände, Arme, Schultern – den ganzen Körper –, bis alle Zellen vibrieren und wir den gesteigerten Energiefluss deutlich wahrnehmen.

Zuletzt beugen wir den Oberkörper schüttelnd nach vorn, wobei der Kopf locker mitschwingt.

Während der gesamten Übung richten wir die Aufmerksamkeit auf das Ausatmen. Wir stellen uns vor, dass wir mit

ÜBUNG

dem Atem alles loslassen, was uns im Moment nicht dienlich ist.
Schüttle dich so lange, bis du dich wieder frei und gelöst fühlst.

AFFIRMATION

Ich bin bereit loszulassen.
Ich bin bereit, hier und jetzt
Wahrheit, Liebe und Freude zu leben.
Ich bin bereit, mich mit meinem Wesenskern zu verbinden.

Die Praxis der Herzensqualitäten

»Herzensqualitäten« sind ein Synonym für »Tugenden«.

Die ursprüngliche Bedeutung der Tugenden ist längst verloren gegangen. Zum patriarchalen Sittenkodex verkümmert, scheinen sie heute nur noch der Aufrechterhaltung von sozialen und religiösen Machtinteressen zu dienen. In meinem Buch *Herzensqualitäten – Die Intelligenz der Liebe* habe ich gezeigt, dass Tugenden in ihrer letzten Bedeutung Facetten der Liebe sind. Als solche stellen sie die Tore zum Herzen dar, die in die geistige Freiheit führen.

Tugenden sind Eigenschaften, die uns befähigen, das Leben, uns selbst und die anderen liebevoll anzunehmen, aus Leid zu lernen, unter allen Umständen zu wachsen, Negatives in Positives und Schmerz in Freude zu verwandeln. Diese Eigenschaften reflektieren das Wahre, Gute und Schöne und führen aus der Trennung in die Ganzheit. Es sind jene Eigenschaften, durch die sich die Liebe ausdrückt und die gleichzeitig in den Bewusstseinszustand der Liebe führen. Daher können wir sie Herzensqualitäten nennen. Durch die Entwicklung von Herzensqualitäten setzen wir die Intelligenz der Liebe frei. Sie geht über die rationale und emotionale Intelligenz weit hinaus, indem sie Herz, Verstand und Intuition, männliche und weibliche Energien durch die Anbindung an Ich-transzendierende Kräfte vereint.

In diesem Buch habe ich 33 Herzensqualitäten herausgearbeitet, die nicht mehr gänzlich der »Pyramide der Herzensqualitäten« aus *Amo ergo sum* entsprechen. Lass dich dadurch nicht verwirren. Die 33 versteht sich als Symbol, wobei die Drei für individuelle, die 33 für kollektive Ganzheit oder auch für »Familie« steht. Jedes Tor, das bewusst durchschritten wird, eröffnet einen neuen Raum des Seins und des Bewusstseins. Mit jeder Integration weitet sich das Gefäß unseres Herzens, um immer mehr Lebensenergie, immer mehr Liebe und Freude aufnehmen und verströmen zu können. Jede integrierte Herzensqualität führt automatisch zur Integration einer weiteren. In ihrer Gesamtheit gesehen, offenbaren sich die 33 Tugenden als Richtlinie nach innen, zum wahren Selbst.

Herzensqualitäten sind Ausdruck der universalen Liebesintelligenz. Sie stehen in einer inneren Verbindung miteinander und erlauben daher den Einblick in den »großen Zusammenhang«, in die implizite Ordnung allen Seins, den ewigen und unveränderlichen geistigen Urgrund, aus dem alle Existenz hervorgeht.

So gesehen, sind die 33 Herzensqualitäten die Stationen auf dem archetypischen »Weg des Helden«; 33 Tore, die allmählich das gesamte Spektrum des Bewusstseins eröffnen. Auf diesem Weg lernen wir, mit dem Herzen zu denken. Indem wir den IQ durch den HQ erweitern, werden wir auf schnellstem Wege Meister über unser Leben und finden zur Quelle von Genialität und schöpferischer Kreativität.

Wie wir aus der Liste der Herzensqualitäten sehen können, sind Tugenden positive Charaktereigenschaften. Zugleich stellen sie universale, ewig gültige Werte dar. Während wir die Herzensqualitäten entfalten wie ein Lotus seine Blütenblätter, erleben wir die Befreiung von all jenen Schichten, Blockaden und energetischen Verunreinigungen, die den Zugang zu unserem eigentlichen Wesenskern versperren. Die Tore zur Wahrheit öffnen sich, und die Energien der höheren Bewusstseinsebenen fließen in den inneren Tempel ein.

Herzensqualitäten

1 *Bereitschaft*
2 *Bejahung*
3 *Wahrhaftigkeit*
4 *Mut*
5 *Willenskraft*
6 *Akzeptanz*
7 *Selbstachtung*
8 *Selbsterkenntnis*
9 *Verantwortung*
10 *Vergebung*
11 *Integrität*
12 *Klarheit*
13 *Vertrauen*
14 *Offenheit*
15 *Disziplin*
16 *Gehorsam*
17 *Demut*
18 *Aufmerksamkeit*
19 *Achtsamkeit*
20 *Konzentration*
21 *Balance*
22 *Geduld*
23 *Kommunikation*
24 *Freundschaft*
25 *Mitgefühl*
26 *Toleranz*
27 *Wertschätzung*
28 *Humor*
29 *Friede*
30 *Hingabe*
31 *Bedingungslosigkeit*
32 *Freiheit*
33 *Dankbarkeit*

Fehler in Tugenden verwandeln

Die folgende Transformationsübung kann allein, zu zweit oder in der Gruppe gemacht werden. Sie findet Anwendung nach Bedarf, das heißt jedes Mal dann, wenn man eine »negative« Eigenschaft verändern möchte. Am wirkungsvollsten ist es, wenn man die Eigenschaft direkt benennt. Dauer: 20 Minuten.

ÜBUNG Nimm eine bequeme Sitzposition ein und entspanne den Körper mit dem Ausatmen.
Konzentriere dich nun auf diejenige negative Eigenschaft, die dir im Augenblick am vehementesten zu schaffen macht.

ÜBUNG

Meist sind diese Eigenschaften mit starken Emotionen behaftet, wie etwa Eifersucht, Verzweiflung, Misstrauen, Kritiksucht und Gier. Oder sie zeichnen sich durch ihre zähe Energie aus, eine Energie, die uns nicht von der Stelle kommen lässt. Dazu zählen Faulheit, Undankbarkeit, Starrsinn, Rechthaberei, Verneinung und Intoleranz.
Konzentriere dich auf diese Eigenschaft und erspüre ihre Qualität mit allen Sinnen. Gib ihr Raum, aber lasse sie im Augenblick noch außerhalb von dir stehen. Schmecke ihren Geschmack, horche auf ihre Stimme, rieche sie, ertaste sie. Schau sie dir genau an. Vielleicht erscheint sie dir in einer bestimmten Gestalt – als Mensch, Tier oder Pflanze, als Archetyp, Dämon oder auch als Symbol. Nimm dir Zeit, um diese Qualität vollständig wahrzunehmen.

Richte jetzt deine Aufmerksamkeit auf das Herzchakra. Aktiviere es, indem du deinen Atem dorthin lenkst. Stell dir vor, wie es sich beim Einatmen öffnet und sich mit jedem neuen Atemzug weitet ... weit und immer weiter wird ... bis es weit, weit offen ist.

Nun beginnst du, diese Eigenschaft ebenfalls mit Hilfe des Einatmens in dein offenes Herz zu ziehen. Gönne dir so viele Atemzüge, wie du benötigst. Atme diese Eigenschaft ein, zieh sie tief in dein Herz hinein. Hab keine Angst. Dir kann nichts geschehen. Versuche diese Eigenschaft nicht zu bewerten, verurteile dich nicht wegen so genannter Fehler oder Charakterschwächen. Betrachte diesen Vorgang als Akt der Befreiung, als die große Chance, das Fehlende zu ergänzen. Als die Chance, Trennung zu überwinden und dadurch heil und ganz zu werden. Als die Chance, Schwächen in Stärken und Hässlichkeit in Schönheit zu verwandeln.

Spüre, wie du eins wirst mit dieser Eigenschaft. Spüre, wie sie sich durch das Einswerden verwandelt. Vielleicht nimmst du die Verwandlung in Bildern wahr, symbolisch. Vielleicht nimmst du eine Veränderung deiner Empfindung wahr. Vielleicht spürst du, wie deine Emotionen und deine Stimmung sich verwandeln, ja, wie die gesamte Atmosphäre in diesem Raum eine neue Qualität annimmt. Nimm dir Zeit, um Zeuge dieser Wandlung werden zu können. Werde Zeuge davon, wie sich diese Eigenschaft in ihr Gegenteil verwandelt. Werde Zeuge davon, dass beide Qualitäten nur die beiden Seiten ein und derselben Münze darstellen.

ÜBUNG

Lass dich ganz von der verwandelten, positiven, liebevollen, leichten und leuchtenden Eigenschaft erfüllen, bis sie jede Zelle durchdringt.

Und nun atme sie aus – diese neue Qualität. Mit dem Ausatmen sendest du diese neue, positive Energie in die Welt, wo sie verbindend weiter wirken kann.

Jetzt kannst du dir selbst und den anderen vergeben. Du bist wieder fähig, in Wahrheit, Liebe und Freude zu handeln.

Verdrängung und Katharsis

Im Laufe des Lebens haben wir vieles nicht zeigen können, was hätte ausgedrückt werden wollen – aus Gründen der Konvention, aus Höflichkeit und Pflichtgefühl, aus Angst vor Ablehnung oder aus Unsicherheit. Auf dem Weg nach innen stoßen wir plötzlich auf Ärger, Hass, Gier, Traurigkeit, auf alles, was wir ständig unterdrücken: entweder weil es uns Religion, Kultur und Gesellschaft so beigebracht haben oder aber weil wir uns selbst nicht trauten beziehungsweise gestatteten, gewisse Gefühle und Bedürfnisse zu leben – vor allem nicht, wenn diese mit Sexualität und Selbstausdruck, den Tabuthemen der patriarchalen Ära, zu tun haben.

Die Kraft des Eros oder der *Kundalini* ist eine enorm starke Kraft, die in der Selbstrealisation eine große Rolle spielt. Es ist die aufwärts strebende Energie, die das individuelle Bewusstsein mit dem kosmischen Bewusstsein verbindet. Genau diese Energie wurde während des Patriarchats systematisch beschnitten, weil sie persönliche Autonomie verleiht. Von klein auf verleidete man uns die Kraft des Selbstausdrucks, an die auch Sexualität gekoppelt ist. Von der Religion als Sünde gebrandmarkt, von der Gesellschaft durch Ehegesetze reglementiert, hat der heutige Mensch trotz der sexuellen Revolution der vergangenen Jahrzehnte ein gespaltenes Verhältnis zum Eros. Es wird wohl noch eine Weile dauern, bis wir diese Kraft in einer gesunden, untabuisierten Form kollektiv integrieren können.

Verdrängung ist eine spezielle Form der Abtrennung. Wir spalten abgelehnte Teile von uns selbst ab und blockieren damit die Energien, welche an diese gebunden sind. Die Folge sind Energiestaus, die zu regelrechten Panzern werden können, je länger sie aufrechterhalten und genährt werden.

Solche Energiewolken oder Panzer können durch kontinuierliche Arbeit an sich selbst aufgelöst werden. Das ist der langsame Weg. Sie können aber auch gesprengt werden: mit Hilfe kathartischer Übungen. »Solange du noch keine große Katharsis durchgemacht hast, musst du einen langen Weg durch viele Wolken gehen«, pflegte Osho, der Meister der Katharsis, zu sagen. »Das ist ermüdend, und du wirst dabei vielleicht so ungeduldig, dass du dich wieder der Welt zuwendest. Am Anfang gibt es keinen Lotus, keinen Duft, alles nur Gestank, Abfall ... Du stößt auf Höllen, auf Todesängste. Sie sind alle da drinnen eingesperrt und warten auf dich.«[9]

Kissenschlagen

Die bekannteste kathartische Übung aus der Psychologie ist das Kissenschlagen. Wenn man wütend ist, sollte man seine Gefühle nicht auf andere projizieren und die Wut an ihnen auslassen. Wir sollten Gefühle aber auch nicht verdrängen. Was tun?

Die Wut einfach da sein lassen. Einfach wütend sein.

Schließ dich in dein Zimmer ein, lass die Wut in dir aufsteigen, so stark es nur geht. Wenn dir nach prügeln zumute ist, dann verprügle ein Kissen. Halte dich dabei in nichts zurück, weder körperlich noch verbal. Schreie, prügle, tobe und genieße das Ganze als energetisches Spiel.

Oft wird empfohlen, sich die Person vorzustellen, auf die man wütend ist, und dann auf das Kissen einzuschlagen. Wenn man jedoch die energetischen Gesetze kennt, ist das nicht unbedingt eine gute Lösung. Denn in diesem Fall erreicht deine Wut die besagte Person auf feinstofflichem Wege. Besser ist es, überhaupt nicht zu projizieren, sondern einfach nur wütend zu sein.

Dynamische Meditation

Wer es wirklich intensiv und heftig mag, für den ist wahrscheinlich die Dynamische Meditation nach Osho die richtige kathartische Methode. Sie dauert ungefähr eine Stunde und besteht aus fünf Phasen. Man kann sie alleine machen, aber die Energie wird viel stärker, wenn man sie in der Gruppe durchführt. Man sollte die Dynamische auf nüchternen Magen machen und dabei bequeme, weite Kleidung tragen.

ÜBUNG *Erste Phase: zehn Minuten*
Schnaufe durch die Nase, chaotisch; lenke dabei deine Aufmerksamkeit auf das Aus des Atmens. Das Einatmen übernimmt der Körper von selbst. Atme so vehement, wie es dir möglich ist. Dann steigere die Vehemenz so lange, bis du regelrecht selbst das Atmen bist. Gebrauche deine natürlichen Körperbewegungen zum Aufbau deiner Energie. Spüre, wie sie anschwillt, doch gestatte ihr nicht, sich bereits in dieser Phase auszutoben.

Zweite Phase: zehn Minuten
Und jetzt: explodiere! Gib alles frei, was raus will. Erlaube dir, total verrückt zu sein, brülle, gröle, weine, springe, schüttle dich, tanze, singe, lache, tolle herum. Behalte nichts zurück, bleib mit deinem ganzen Körper in Bewegung. Anfänglich kann dir ein klein wenig Schauspielerei helfen hineinzugelangen. Verbiete deinem Kopf unter allen Umständen, in das Ereignis einzugreifen. Sei voll und ganz.

Dritte Phase: zehn Minuten

ÜBUNG Hüpfe mit hoch gestreckten Armen und rufe währenddessen das Mantra HUH! HUH! HUH! HUH!, und zwar so tief aus dem Bauch heraus wie möglich. Konzentriere dich auf dein Sakralchakra, wenn du mit den Füßen – nämlich der ganzen Sohle – aufkommst. Gib alles, was du geben kannst. Erschöpfe dich völlig.

Vierte Phase: 15 Minuten

Halt! Erstarre unverzüglich, und zwar exakt in deiner momentanen Stellung. Nimm keine Haltungskorrekturen vor. Die kleinste Regung, ein Hüsteln oder Ähnliches und schon entströmt die Energie, und alle Anstrengung war vergeblich. Verfolge ganz genau, was sich in dir abspielt.

Fünfte Phase: 15 Minuten

Sei ausgelassen, bewege dich zur Musik, tanze, bring deinen Dank an die Schöpfung zum Ausdruck und trage dein Glücksgefühl mit in den Tag hinein.

Falls du an dem Ort deiner Meditation keinen Lärm machen kannst, empfehle ich dir die stille Version: Dabei schreist du deine Emotionen nicht hinaus, sondern lässt die Katharsis in der zweiten Phase nur durch die Bewegungen deines Körpers vonstatten gehen. Innerhalb der dritten Phase hämmerst du das Mantra HUH! einfach lautlos nach innen, während die fünfte Phase als Ausdruckstanz dienen kann.

Verbundenes Atmen

In meinen Workshops benutze ich die uralte Methode des kreisförmigen, verbundenen Atmens, die in Stanislav Groffs *Holotropem Atmen* und Leonard Orrs *Rebirthing* eine moderne Wiederbelebung fand. Sowohl das Holotrope Atmen als auch das Rebirthing sind jeweils an eigene Philosophien gebunden. Ich verwende die Methode als bloße Technik ohne philosophischen Überbau.

Das kreisförmige Atmen ist eine der tief greifendsten Methoden, die ich kenne. Sie kann zu enormen emotionalen Ausbrüchen führen, die in ihrer Heftigkeit oft erschreckend wirken, energetisch aber äußerst befreiend sind. Ich möchte sie hier nicht näher beschreiben, einfach um niemanden auf die Idee zu bringen, sie alleine auszuprobieren. Diese Methode verlangt nach einer professionellen Begleitung.

Der Ego-Tod

Die Phase der spirituellen Reinigung entspricht dem Feuertod des Phönix. Auf dem Weg nach innen ist sie von ausschlaggebender Bedeutung. Das Feuer ist das reinigende Element. Seine Flammen verzehren alle Schichten, Schleier und Wolken, die den Zugang zum wahren Selbst behindern. Jegliche Form von Trennung wird dadurch aufgehoben. Der Feuertod steht symbolisch für den Ego-Tod.

In den traditionellen Schulen nahm die Phase des Aufarbeitens von egoischen Denk- und Verhaltensmustern und all der sich in uns angesammelten Verdrängungen einen Zeitraum von circa 20 Jahren ein. Das ist viel. Erst nach dieser Zeit wandte man sich der eigentlichen mystischen Erfahrung zu.

Die moderne Spiritualität hat sich dieser linearen Betrachtungsweise durch einen Kunstgriff entzogen: Sie bewegt sich nicht mehr in Richtung Vergangenheit, sondern bleibt in der Gegenwart. Auch *Amo ergo sum* arbeitet weder rückwirkend noch »auf Vorrat«. Hier und jetzt wird Trennung in Liebe verwandelt, wo auch immer uns Negativität, Zerstörung und Lieblosigkeit begegnen. Die Fokussierung auf den Augenblick verlangt ein hohes Maß an Achtsamkeit, eine Qualität, die später noch ausführlich zur Sprache kommen wird. Außerdem setzt sie die Bereitschaft zur absoluten Selbstverantwortung voraus.

Jetzt, wo wir der Reinigung einen so hohen Stellenwert zugemessen haben, sollten wir darauf achten, uns zukünftig nicht ständig aufs Neue mit negativen Energien zu belasten. Häufig merken wir gar nicht, dass wir durch unsere alltäglichen Gewohnheiten Negativität regelrecht konsumieren. Wenn wir eine Zeitung lesen, konsumieren wir fast nur negative Nachrichten. Wenn wir fernsehen, ergeht es uns ähnlich. Wenn wir einer Unterhaltung zuhören, konsumieren wir unbewusst die trennenden Gedanken anderer Menschen. Das, was wir dabei in uns hineinlassen, kann höchst toxisch sein. Gewalt, Aggression, Zweifel, Vorwürfe, Falschheit und Unehrlichkeit sind regelrechte Geistesgifte, wie der Buddhist sagt; Gifte, die vom Unterbewusstsein in derselben Weise aufgenommen und verarbeitet werden wie tatsächlich Erlebtes. Wenn wir unachtsam sind, erlauben wir uns selbst, uns von solchen Eindrücken vergiften zu lassen. Daher ist es wichtig, auch diesen Verunreinigungen achtsam zu begegnen, das heißt bewusst auszuwählen, was wir in uns aufnehmen und was nicht.

Hüter der Schwelle

Bevor wir jedoch den innersten Raum des Herzens betreten dürfen, müssen wir noch eine letzte Hürde passieren: den Hüter der Schwelle. Um uns selbst im Spiegel des Mysteriums erkennen zu können, müssen wir völlig nackt sein. Alle mentalen und emotionalen Identifizierungen müssen an dieser Stelle zurückgelassen werden – das heißt alles, was wir jemals *glaubten* zu sein. Nicht nur das Loslassen des Negativen wird uns hier abverlangt. Nein, *alles* gilt es aufzugeben, alles, womit wir uns jemals identifizierten. Beim Hüter der Schwelle lösen wir unsere bisherige Identität in Nichts auf, werden zu reiner Leere. Das alte Ich stirbt den spirituellen Tod.

Know the Knower!

Die folgende Transformationsübung stammt von Swami Muktananda und trägt dazu bei, den Zustand der Leerheit verstehen zu lernen. Außerdem sollte »die Tonne« zu einem inneren Bild werden, das immer dann aufgerufen und benutzt wird, wenn wir uns bei so genannten Anhaftungen ertappen. Die Übung ist für die individuelle Arbeit ebenso wie für die Gruppe geeignet. Dauer: 15 Minuten.

ÜBUNG Nimm all das, was »dein« ist, und steck es in eine große Tonne: dein Haus oder deine Wohnung samt deiner kompletten Einrichtung, deinen Wagen, dein Fahrrad, dein Motorrad; deine Anziehsachen, deinen Schmuck, Geerbtes und Gesammeltes, deine Bücher, deine Schallplatten, CDs und Kassetten, deine Körperpflegeartikel, dein Make-up und dein Parfum. Lege noch dein Geld und deine Finanzen, dein Besitztum, deine Vermögenswerte, dein ganzes Gut dazu und obendrauf deine Schulden.

Nach den materiellen Werten packst du nun deine Beziehungen in die Tonne: deinen Vater, deine Mutter, Schwestern, Brüder und Verwandten, deinen Lebensgefährten, deine Freunde, deine Haustiere.

Füge all dein Fühlen und Denken dazu. Stecke dein komplettes Wissen mit hinein, alles, was du jemals erlernt und erfahren, mit und durch deine Sinne aufgenommen hast. Prüfe, ob du irgendetwas vergessen hast – und verstaue es in der Tonne. Vergiss nicht, deine Vergangenheit, deine Erinnerungen und deine Pläne für die Zukunft mit hineinzutun.

Jetzt gib noch deinen Namen, deine Nationalität, deinen Beruf, deinen Körper mitsamt deinem Geschlecht dazu.

Und nun antworte: Wer oder was ist das, das auf die Tonne blickt?

Wer ist das also – der- oder dasjenige, der beziehungsweise das auf die Tonne blickt?

Es ist das bezeugende Bewusstsein. Der innere Zeuge. Reines, urteilsloses Gewahrsein.

Die klassische Meditation

Meditation im klassischen Sinne ist die Übung, durch die der Geist *(mind)* geschult wird, die Flut von Gedanken, Gefühlen und Empfindungen beherrschen zu lernen, die sich ihm in jedem Augenblick aufdrängen.

Dies geschieht, indem wir unsere Aufmerksamkeit auf einen einzigen bestimmten Punkt lenken und allen anderen Erscheinungen vorübergehend keine Bedeutung mehr beimessen. Wir nehmen also die innere Haltung einer achtsamen Nicht-Achtsamkeit ein.

Der »Punkt« kann dabei ein beliebiges äußeres Objekt sein, an dem man den Geist schauend und nicht denkend festhält, wie etwa eine Kerze, eine Blume oder ein Bild. Es kann ein Mantra sein, das – laut oder lautlos – stetig wiederholt wird, um andere Gedanken auszublenden. Oder es kann ein imaginiertes innerliches Bild sein, das wir speziell für die tägliche Meditationspraxis verwenden. Eine große Hilfe ist es, wenn wir das innere oder äußere Schauen beziehungsweise Hören an den Atem binden. Wir atmen einfach in das Beschaute oder Gehörte ein und aus.

Unser übergeordnetes Ziel der Selbstrealisation legt es nahe, die Aufmerksamkeit auf das Herz beziehungsweise das Herzchakra zu richten und das spezifische Licht zu visualisieren, das während des großen Einheitserlebens auftaucht: ein Licht mit der Qualität des »klaren Morgengrauens im Herbst«.

Die eigentliche Technik ist einfach: Wir sitzen in bequemer Haltung und achten darauf, locker und entspannt zu sein. Die Atmung geschieht durch die Nase. Der Atem darf ruhig und frei fließen, sodass sich die Nerven beruhigen. Alles geschieht ohne Anstrengung, ohne Willensgewalt. Wenn der Körper zur Ruhe kommt, kann auch die Seele entspannen. Die vollkommene Entspannung von Körper und Seele, das Ruhigwerden des Geistes ist eine der wenigen, wirklich notwendigen Voraussetzungen für die Meditation.

Nun führen wir die innere Betrachtung ohne Anspannung des Willens ganz leicht und selbstverständlich auf das Herzchakra hin und überlassen uns der Vermutung, dass göttliches Licht im Herzen gegenwärtig ist. Es ist kein gleißendes Licht, sondern ein dem schwachen Licht der Morgendämmerung vergleichbares. Wer Schwierigkeiten mit dem Visualisieren hat, braucht sich nicht zu beunruhigen. Das Licht muss nicht sichtbar werden.

Tauchen Gedanken auf, geht man ihnen weder nach noch vertreibt man sie. Man schenkt ihnen keine Beachtung, lässt sie am Horizont des Geistes wie Wolken dahinziehen, bis sie in der Leerheit verschwinden. Es herrscht völlige Wertfreiheit, urteilsfreies Gewahrsein, achtsame Nicht-Achtsamkeit, inhaltlose Wachheit. »Ob der Himmel klar ist oder bewölkt, in jedem Fall ist es recht. Der Berg ist immer derselbe und seine ursprüngliche Gestalt ändert sich nicht«, lauten die Worte des Zen-Meisters Tesshu Yamaoka. Sobald sich unsere Aufmerksamkeit einem bestimmten Gedanken zuwenden möchte, führen wir sie wieder zum Herzen zurück.

Die klassische Meditation ist ein spirituelles Muss und sollte täglich durchgeführt werden, möglichst zur gleichen Tageszeit und am selben Ort. Ihre Dauer beträgt zwischen 30 und 60 Minuten. Wichtig dabei ist die Kontinuität, denn die Erfolge werden nicht sofort eintreten. Wenn Meditation aber erst einmal zur Gewohnheit geworden ist, wird man ihre positiven und inzwischen vielfach bewiesenen Nebeneffekte nicht mehr missen wollen. Dazu gehören Stressreduktion, Tiefenentspannung, Anregung der Selbstheilungskräfte, Verbesserung von Intuition und Konzentration sowie die Aktivierung ungenutzter Gehirnareale. Angst und Negativität werden allmählich überwunden. An ihre Stelle treten Gelassenheit, innerer Friede und zunehmende Freiheit.

Der eigentliche Sinn der klassischen Meditation liegt jedoch darin, die Gedanken zum Stillstand zu bringen. Denn letztendlich entsteht Dualität durch das Denken, den Intellekt.

Auf diese Weise erzeugt die innere Haltung der Meditation ein Vakuum, das die Erfahrung des ES ermöglicht und den intuitiven Blick auf die Weisheit des Herzens freigibt.

Zweites Buch

Rückverbindung mit dem wahren Selbst

Teil eins Erfahrung der Einheit

Ich bin das »ES IST«

Wer es auf sich nimmt,
aus dem Dualismus der bisherigen Lebensordnung
zusammen zu springen, geht die Forderungen der Zeit an.
Das sich in Bewegung befindende Es *drängt zum Durchbruch*
und will dem Ich zum Selbst *werden.*
MARIA HIPPIUS-GRÄFIN DÜRCKHEIM

Das ES – die Wahrheit – ist immer gegenwärtig. Solange der Mensch unbewusst ist und in einem Denkmodell der Trennung verharrt, empfindet er dieses ES als etwas Außenstehendes. Um erkennen zu können, was hinter dem Dualismus versteckt liegt, muss er leer werden von allen spaltenden Vorstellungen. Gelingt es ihm jedoch, die *künstlichen dualistischen Konstrukte des Intellekts* zu durchschauen und loszulassen, dann offenbart sich in der Leere des urteilslosen Gewahrseins *der natürliche Dualismus einer bipolaren Ordnung, yin* und *yang*, aus welcher die gesamte Schöpfung hervorgeht: das Ganze. Das Ganze offenbart sich in ihm, in seinem Innersten, seinem wahren Selbst.

Dieses große Ganze zu werden, als Mikrokosmos am Makrokosmos teilzuhaben, ist also in jedem Menschen potenziell angelegt.

Erst die vollständige Auflösung der Trennung aber, das heißt jeglicher Form von Angst und Negativität, ermöglicht den Quantensprung auf jene Seinsebene, auf der sich individuelles und universales Bewusstsein im Hohen Selbst zu Bewusst-Sein verbinden.

Selbst wenn nur wenige bewussten Zugang zu dieser Ebene haben, so ist es doch genau diese Dimension, von der wir in der

Selbstrealisation ausgehen sollten – einfach deshalb, weil sie alle anderen beinhaltet und gleichzeitig durchdringt. Selbstrealisation geht also weit über die an die Psychologie geknüpfte Vorstellung der Selbstverwirklichung[10] hinaus. Sie schließt die mystische Erfahrung ein, ja, macht diese sogar zum Mittelpunkt. Denn der Weg zum Selbst, das heißt die *Praxis* der Selbstrealisation, erschließt sich praktisch »von selbst«, sobald man den Sinn dieser Erfahrung verstanden hat.

Während Körper, Seele und Geist Elemente unserer Alltagserfahrung und daher jedem jederzeit zugänglich sind, ist die mystische Erfahrung ein Gipfelerlebnis. Dieses ereilt nur wenige Menschen und taucht oft auch nur als kurzer Bewusstseins-Flash auf, den die meisten weder einzuordnen noch zu interpretieren wissen, solange sie spirituell nicht geschult sind. Diese Erfahrung *transzendiert* die Körper-Seele-Geist-Einheit und erreicht ihren Höhepunkt in dem Erleben einer neuen, übergeordneten und doch alles beinhaltenden Dimension, nämlich der des GEISTES *(spirit)*. In der christlichen Mystik sprechen wir von *der unio mystica*, im Hinduismus und Buddhismus von *samadhi* und im Zen von *satori*. Oder wir nennen sie einfach »Erleuchtung«.

Die mystische Erfahrung

Das Zentrum ist das Zentrum des Selbst,
das Zentrum des Universums
und das Zentrum Gottes.
Wenn wir erkennen, dass diese drei eins sind,
dann erkennen wir Gott.
Bede Griffiths

Die *unio mystica* ist ein Paradoxon – wie alles, was mit ihr verbunden ist: Obwohl sie nur wenigen Menschen zugänglich war, ist sie so alt wie die Menschheit selbst. Obwohl sie mit Worten nicht beschrieben werden kann, liegen aus allen Kulturen Überlieferungen vor. Und obwohl es sich dabei um ein äußerst individuelles Erleben handelt, vollzieht sich dieses doch immer in derselben Art und Weise, in ganz spezifischen Etappen oder Phasen.

1 Die erste Phase der *unio mystica* wird als der *mystische Tod* oder Ego-Tod bezeichnet. Charakteristisch daran ist, dass die »normale« Identifikation mit einem vom Ganzen getrennten Ich erlischt. Dadurch wird das Aufgehen des Selbst im *Nichts* möglich – in einer unendlichen Leere ohne Raum und Zeit, jenseits der Gedanken- und Gefühlswelt, jenseits der Sinneserfahrung.

2 Aus eben diesem Nichts aber erscheint in der zweiten Phase, gleichsam wie in einem Spiegel, das *All* als Einheit alles Seienden; ein ewiges All, in dem alles, was es gibt, jemals gab und geben wird, gleichzeitig vorhanden ist und sich daher als untereinander verbunden erweist. Der allumfassende Blick auf die Einheit enthüllt dem »Schauenden« die Grundstruktur des Universums, die Weltordnung, die sowohl von einer unendlich subtilen Symmetrie als auch von einer natürlichen Hierarchie gekennzeichnet ist.

3 In der dritten Phase schließlich geschieht das Merkwürdigste: Das identitätslose Ich verschmilzt mit dem Urgrund, welcher Leere, Fülle und Ordnung zugleich ist, und wird eins mit ihm. Das Selbst erfährt sich selbst als GEIST. GEIST begegnet *durch* das Selbst und *im* Selbst seinem eigenen Zentrum. Diese Phase bezeichnet man als die *letzte Einung*. Begleitet wird die letzte Einung von einer bedingungslosen, unendlichen, allumfassenden Liebe und einer ebensolchen Glückseligkeit.

Meine Liebe ist groß wie die weite Welt
Und nichts ist außer ihr –
So wie die Sonne alles erhellet
So tut sie der Welt von mir –
Meine Liebe ist weit wie die Seele mein
Und alle Dinge ruhen in ihr –
Sie alle, alle bin ich allein
Und nichts ist außer mir.

Christian Morgenstern

Diese Erfahrung ist universal. Vor 3000 Jahren war sie dieselbe, wie dies auch in den zukünftigen 10 000 Jahren der Fall sein wird. Höchst unterschiedlich sind allerdings die Interpretationen, die sich um sie ranken. Denn das Erleben der Einheit ist im Grunde nicht in Worte zu fassen. Jede Interpretation muss im Zusammenhang mit dem jeweiligen Zeitbewusstsein, der Kultur, dem Paradigma, den Lebensumständen und nicht zuletzt unter dem Aspekt des Nutzens betrachtet werden, den man aus ihr zu ziehen glaubt.

Gerade heute, wo die Kulturen der Welt aufeinander prallen, ist es von enormer Wichtigkeit, Gemeinsamkeiten zu betrachten und gleichzeitig zu differenzieren. Sowohl als auch. Differenzieren müssen wir zwischen der eigentlichen Erfahrung, ihrer theoretischen Aufbereitung und der daraus resultierenden Lebenspraxis oder Lebenshaltung. Genau diese Faktoren wurden im Verlauf der Geschichte jedoch immer wieder durcheinander geworfen. So konnten nur verwirrte, unklare Bilder entstehen, die zur Quelle von endlosen, bis in die Gegenwart andauernden Missverständnissen und Feindseligkeiten wurden. Wie so oft haben auch hier unsere Vorstellungen das Eigentliche verschleiert.

Die mystische Erfahrung bildet den ideellen Kern aller Religionen. Sie ist nicht nur Vorbild für das, was man *religio*, Rückverbindung nennt; sie *ist religio*. Sie ist a) eine individuelle Erfahrung. Diese individuelle Erfahrung gewährt b) Einblick in die innere Struktur des Universums. Dessen Vielfalt wiederum wird c) durch den ewigen, allumfassenden, alles beinhaltenden und alles durchdringenden GEIST, den wir auch »Gott« nennen, Einheit. Dieser GEIST ist somit d) das Zentrum des Universums, das Zentrum jeder Form von Existenz, also auch das Zentrum des Menschen. Daher kann der Mensch e) Gott in seinem eigenen Zentrum erfahren; dort, aber auch nur dort. Das Zentrum ist kein lokalisierbarer Ort, sondern die Ebene, auf der sich Geist und Form durchdringen. In seinem letzten Sinn bedeutet das, dass die Erfahrung des Transpersonalen immer eine personale Erfahrung ist. Dieses unfassbare Paradoxon wird f) vom mentalen Ich mittels der Bilder, Archetypen, Vorstellungen und Erklärungen, die es kennt, sofort übersetzt. So kann uns der Zeitpunkt des personal-transpersonalen Durchdringens durchaus den Eindruck einer Begegnung mit echten, gestalthaften Wesenheiten vermitteln. Da diese Bilder ausnahmslos aus dem kulturellen Kontext des Mystikers stammen, darf darauf geschlossen werden, dass an dieser Stelle auch das Unterbewusstsein eine wichtige Rolle spielt. In der Berührung der verschiedenen Bewusstseinsebenen können wir demzufolge g) einen weiteren Zentrumsaspekt erkennen.

Dieser Schmelzpunkt ist das Auge des Zyklons. Er ist das Zentrum von Körper, Seele und Geist; von Bewusstsein, Unterbewusstsein und Überbewusstsein, von Geist und Materie, Personalem und Transpersonalem – das Zentrum von Selbst, Kosmos und Gott.

Hier und nur hier kann sich der »große Zusammenhang« mit seiner impliziten Ordnung und jener unvorstellbaren Dynamik offenbaren, die Leben ausmacht; einer Dynamik, die in jeder Sekunde Myriaden neuer Existenzmöglichkeiten gebiert. Leider offenbart sich genau hier auch die Unmöglichkeit, das Erfahrene, Geschaute festzuhalten; uns in die duale Welt der Gedanken und der Sprache vorwegahnend, können wir im gleichen Atemzug sagen: »Ich weiß, dass ich nichts weiß.« Wir können immer nur einen winzigen Ausschnitt betrachten, und dies auch nur in der Erkenntnis, dass wir durch diese Betrachtung schon wieder eine neue Schöpfung hervorbringen. »Ich spreche von einer Sache und sehe die Begrenztheit meiner Ausdrucksformen. Ich weiß, dass ich an dieser Begrenztheit festgenagelt werde. Ich möchte schweigen, um all dies zu vermeiden, und doch will die Welt, dass wir sprechen«, schrieb ich vor Jahren in mein Tagebuch.

Im Zentrum liegt das große Mysterium verborgen. Es wird immer ein Mysterium bleiben. Vor ihm kann ich nur in Ehrfurcht mein Haupt neigen und meinen Blick senken, der interpretierend fassen will.

Interpretationen sind nicht das Eigentliche. Sie sind nur das Spiel des *minds* mit dem All, ein köstliches Spiel, dem wir jedoch keine Absolutheit zumessen dürfen. Wer dieses Spiel zu ernst nimmt, wer es nicht lassen kann, das Unerklärliche erklären zu wollen, wird an seiner eigenen Unzulänglichkeit zerbrechen.

In einem globalen Zeitalter wie heute werden wir allmählich gezwungen, unsere Absolutheitsansprüche zu relativieren und den menschlichen Drang, Vorstellungen *vor* das Eigentliche *zu stellen*, öfter als bisher zu überprüfen.

Gleichzeitig macht es erst die Zusammenschau der Interpretationen möglich, dass wir *kollektiv* zum Wesentlichen durchdringen können: zum Zentrum der Standpunkte – zur Mitte des Erdachten und durch Gedanken Erschaffenen – zum Kern von Logos und Kosmos – zum Zentrum des Selbst, das jeder in seinem Herzen erspüren kann, weil ES dort unaufhörlich nach ihm ruft. ES, an das *mensch* sich liebend herantasten kann.

Die Logik der Ganzheit – Gesetze des Kraftfelds

Wunder geschehen nicht
im Widerspruch zur Natur,
sondern aufgrund der
der Natur innewohnenden Gesetze.
AUGUSTINUS

Der Atomphysiker Werner Heisenberg prägte den Begriff des Quantensprungs für den Wechsel in ein »Neues«, der nicht mehr in der folgerichtigen Logik des Kontinuierlichen geschieht.

Tatsächlich herrscht im Bewusstseinszustand der Liebe, dessen Krönung die mystische Erfahrung ist, eine andere Logik vor: die Logik der Ganzheit.

Ein Kraftfeld entsteht, in dem sich Wahrheit und Wirklichkeit bewusst vereinen und eine verbindliche Allianz eingehen.

Das Leben macht eine Kehrtwende und nimmt eine völlig neue Qualität an.

Die Begegnung von moderner Wissenschaft, östlicher Philosophie und traditioneller Mystik hatte eine dramatische Veränderung in der Betrachtung der Welt und des Selbst zur Folge. Beginnend mit Einsteins Relativitätstheorie und der Quantenphysik, fand der bisher nur spirituell erlebte Zusammenhang von Wahrheit und Wirklichkeit nun auch wissenschaftliche Bestätigung.

Im folgenden Kapitel werden die Gesetze des Kraftfelds, wie sie in *Amo ergo sum* geschildert sind, zusammenfassend dargestellt. Dazwischen findest du Passagen, in denen diese Gesetze auf die ICH-Ebene übertragen wurden. Mache es dir zur Aufgabe, diese Gesetze zu verinnerlichen und ihre Auswirkungen immer wieder zu reflektieren. Es handelt sich dabei um genau diejenigen universellen Wahrheiten, welche die Basis einer neuen Weltanschauung und eines ganzheitlichen Selbstverständnisses bilden.

1 Einheit in der Vielfalt (Unity in Duality)

In der Vielfalt einer sich ständig verändernden Wirklichkeit existiert eine unveränderliche, ewig gültige Wahrheit. Ein Meer von Energie und Information, das alles durchdringt. Eine implizite Ordnung, die jegliche Form der Existenz bedingt und das Bestehen des Universums gewährleistet. Ein nicht-manifester, raum-zeitloser Urgrund jenseits der Dualität. Die Quelle aller Ursachen, das Absolute, Höchste, Gott, *brahman, tao* ... In der Sprache der Eingeweihten, Mystiker und Philosophen ist diese Wahrheit der reine GEIST, *spirit,* kosmisches Bewusstsein, »GEIST, der sich in Liebe verströmt«.

Liebe ist das verbindende Prinzip.

ICH bin mehr als mein Körper, mehr als meine Gefühle, mehr als meine Gedanken. In meiner letzten Essenz bin auch ICH »Geist, der sich in Liebe verströmt«.

2 Das Gesetz der Ganzheit

Die implizite Ordnung – GEIST, das kosmische Bewusstsein – ist der Welt der Form immanent. Folglich verkörpert *alles,* was existiert, diesen GEIST.

Auch ICH bin eine *Verkörperung* des universellen GEISTES.

Daraus wiederum folgt, dass durch die implizite Ordnung ALLES MIT ALLEM verbunden ist.

Auch ICH bin mit allem verbunden, was ist.

Das Universum ist eine Ganzheit. Alle Teile stehen miteinander in Verbindung, selbst dann, wenn sie weit voneinander entfernt sind.

Alles, was ICH bin, denke, fühle, tue oder nicht tue, hat eine Auswirkung auf das Ganze.

3 Das holographische Gesetz

Das Ganze spiegelt sich in jedem seiner Teile wider. David Bohm bezeichnete dieses Prinzip als das *Holographische Gesetz,* die Hermetiker charakterisierten es durch den Satz: *»Wie oben, so unten.«*

Das Ganze ist in MIR zu finden.

4 Das Gesetz der Evolution oder Das Gesetz der natürlichen Hierarchien

Erst seit kurzem wissen wir, dass das Wesen der Evolution weder zyklisch noch linear funktioniert. Evolution geschieht aus sich selbst heraus. Sie ist die Folge des Prinzips der Selbsttranszendenz, eines jeglicher Existenz innewohnenden Dranges nach Wachstum und Vervollkommnung.

Der kosmische Drang nach Selbsttranszendenz
und die menschliche Sehnsucht nach Vollkommenheit
sind ein und dasselbe Prinzip.

Jegliche Entwicklung erfolgt von einem niederen Grad der Integration und Komplexität hin zu einem höheren.
(Beispiel: Zelle ➤ Organe ➤ Körper).

Das Höchste beinhaltet immer auch das Niedrigere.

Aus dem Wesen der Evolution ergibt sich infolgedessen eine natürliche Hierarchie, die wir beachten *müssen*. Während sich künstlich erschaffene Hierarchien meist als pathologisch erweisen, sind die natürlichen Hierarchien zur Aufrechterhaltung der Existenz unabdingbar. Ihre Zerstörung wäre selbstmörderisch.

Ähnlich wurde diese Idee schon von den alten Chinesen vertreten. Sie bildete die Grundlage des Taoismus, der chinesischen Lebensphilosophie. »Der Mensch folgt den Gesetzen der Erde. Die Erde folgt den Gesetzen des Himmels. Der Himmel folgt den Gesetzen des Tao. Das Tao folgt den Gesetzen seiner inneren Natur«, heißt es im *Tao Te Ching*. Für den taoistischen Mystiker waren alle Dinge und Vorgänge dieser Welt ein Teil des kosmischen Weges, Tao. Und die Gesetze, denen das Tao folgt, wurden von keinem Schöpfergott erschaffen, sondern sind in ihrer Natur angelegt. Der Sinologe Joseph Needham schreibt hierzu: »Nach der chinesischen Weltanschauung entspringt der harmonische Zusammenklang aller Daseinsformen nicht aus den Anordnungen einer höheren Autorität von außen, sondern aus der Tatsache, dass sie alle Teil einer Hierarchie von Ganzheiten sind, die eine kosmische Struktur bilden und dem inneren Diktat ihrer eigenen Natur gehorchen.«[11] Wie in der neuen Physik bildet auch hier die Gesamtübereinstimmung das Wesen der Naturgesetze. Ja, eigentlich ist das Gesetz der Harmonie das eigentliche Gesetz, das grundlegende Ordnungsprinzip, das die Chinesen *Li* nannten. »Li ist ein natürliches und unentrinnbares Gesetz der Angelegenheiten aller Dinge ... Natürlich und unentrinnbar heißt, dass (menschliche) Angelegenheiten und (natürliche) Dinge so beschaffen sind, dass sie genau an ihre Stelle passen. Gesetz heißt, dass sie ohne das geringste Zuviel oder Zuwenig an ihre Stelle passen ... Die Menschen der alten Zeit, die den Dingen bis auf den Grund gingen und nach dem Li forschten, wollten die natürliche Unentrinnbarkeit der (menschlichen) Angelegenheiten und der (natürlichen) Dinge erhellen, und das bedeutet einfach, dass sie alle die genauen Orte suchten, wo die Dinge exakt zusammenpassten. Nur dies.«[12]

Im Kraftfeld von Wahrheit und Wirklichkeit
hat alles seinen richtigen Platz – auch ICH.
Im Kraftfeld herrscht Stimmigkeit, Harmonie.
Selbstrealisation bedeutet: seinen Platz im Ganzen einnehmen.
Es fängt an, wenn die Zeit reif ist.

5 Das Gesetz der Lebensenergie

Das Universum ist ein dynamisches Universum. Leben ist Wandel. Während der geistige Urgrund aufgrund der Non-Dualität ewig und unveränderlich ist, ist die bipolare Wirklichkeit in ständiger Veränderung begriffen.

Das Konzept einer dynamischen Lebenskraft *(chi, ki, prana, pneuma, od)* prägt daher seit Jahrtausenden die Weisheits- und Medizinsysteme der Welt. Durch die modernen Wissenschaften hat es wesentliche Ergänzungen erfahren.

Dieses neue Konzept lässt sich in folgenden Postulaten zusammenfassen:

a) Energie ist die Voraussetzung für die Entstehung und Aufrechterhaltung allen Lebens.
b) Materie ist gleichzeitig Energie (Einstein).
c) Die Form der Materie ist Resultat der Schwingungsmuster von so genannten Strings, der kleinsten Bausteine der Materie (Stringtheorie).
d) Der Raum ist ein einziges Meer von Energie (David Bohm).
e) Die bloße Materie des Universums ist so gering, dass sie in eine Nussschale passen würde (Stephen Hawking).

Besonderheiten der Lebensenergie:
Energie ist frei beweglich.
➛ Erst durch Information wird sie zu Form gebündelt.

Daraus erklären sich die Bedeutung von Gedanken und die Kraft der »klaren Absicht«.

➛ Erst durch die Formwerdung treten Raum und Zeit und damit das Gesetz von Ursache und Wirkung in Kraft.
➛ Energie folgt dem Prinzip der Selbsttranszendenz. Lebensenergie ist also von Natur aus vorwärts strebend, wachstumsfördernd und selbstregulierend.

Folgen wir der Sehnsucht nach Vollkommenheit, gelangen wir automatisch in den Fluss der Lebensenergie.

➛ Wegen ihrer Fließeigenschaften hat sie die Tendenz zum Ausgleich. Sie fließt dorthin, wo ein Defizit besteht, lässt sich von Hindernissen jedoch blockieren.

Energie ist somit die grundlegende Dynamik, die den kosmischen Spielplan in Bewegung setzt. Sie ist die Eine Bewegung, ohne die es kein Leben gäbe, ohne die alles statisch – tot – wäre. Sie ist der Stoff, aus dem das Kraftfeld von Wahrheit und Wirklichkeit besteht und der das Harmonieprinzip zum Schwingen bringt. In einem ständigen Prozess des Einfaltens und Entfaltens faltet sie sich abwechselnd in die Wahrheit ein und entfaltet sich von dort in die Wirklichkeit zurück.

**Lebensenergie ist die uranfängliche
und erste Manifestation der Liebe.**

6 Das Gesetz der Synchronizität

Dieses Gesetz kommt erst zum Tragen, wenn wir uns »in der Liebe *ent-scheiden*« und *bewusst* am Kraftfeld von Wahrheit und Wirklichkeit teilnehmen.

Synchronizität transzendiert das karmische Gesetz von Ursache und Wirkung. Stattdessen treten Resonanzen in Kraft – jenseits von Raum und Zeit, jenseits von Entfernung, jenseits persönlicher Kontakte. Das Leben wird folgerichtig, und die Möglichkeiten des Wachstums potenzieren sich. Fügungen, »Wunder«, Inspiration, Intuition, erhöhte Wahrnehmung, Bewusstseinserweiterung und Genialität treten ein. Die innere Führung wird spürbar, das Ge-Wissen und die innere Stimme erwachen. Wir erkennen, auf welche Weise wir am Schöpfungsprozess teilnehmen.

**Auf dem Weg der Selbstrealisation wollen wir
in das Kraftfeld von Wahrheit und Wirklichkeit gelangen.
Dafür brauchen wir eine neue Sicht der Welt
und des Selbst, wie sie in obigen Gesetzen zum Ausdruck kommt.**

**Wenn wir unseren Platz im Ganzen finden wollen, gilt es:
a) im Fluss der Lebensenergie zu bleiben,
b) den Wegweisern Wahrheit, Liebe und Freude zu folgen,
c) die natürlichen Hierarchien zu beachten.**

Wirkliche und wahrhaftige Non-Dualität – Die Eine Bewegung

*Die Harmonie der Welt
besteht nicht im Sein,
sondern im Werden.*

Hans-Peter Dürr

Wahrheit oder Wirklichkeit? Entweder oder? Beides schien bisher unvereinbar zu sein.

Der Bewusstseinszustand der Liebe aber überwindet Gegensätze, einen nach dem anderen. Dabei führt er nach innen, immer weiter nach innen, bis er selbst den letzten großen Gegensatz von Geist und Materie transzendiert. Er führt zum Point Zero der Freiheit, in den Bereich des Non-Dualen.

Ebenso aber – *und dies ist der entscheidende Punkt!* – ist es die Liebe, die von innen nach außen, aus dem Urgrund der Einheit hinaus in die Vielfalt führt. Existenz kommt von *existere* (lat.), das heißt: heraustreten aus dem Urgrund, hinaustreten in die Dualität des Lebens. Denn Leben kann nur im Spannungsfeld der Dualität bestehen.

Liebe ist das, was der Physiker David Bohm die Eine Bewegung oder *Holomovement* nannte; die Schöpfungsbewegung, die sich nach innen, in den Urgrund und die dort enthaltene implizite Ordnung *einfaltet* und dann wieder *entfaltet* in die Vielfalt der individuellen Formen und Manifestationen. Die Eine Bewegung ist ein kontinuierliches Einfalten und Entfalten – die dynamische Kraft der Schöpfung.

In diesem letzten Sinn ist Liebe gleichbedeutend mit Lebensenergie, gleichbedeutend mit Leben. Hier offenbart sich Liebe als die subtile Grundstruktur des Universums, als das feinste Garn, aus dem alle Existenz gewoben ist – als die Eine Bewegung, welche die unveränderliche Wahrheit mit ihren ewig gültigen, universalen Prinzipien und Gesetzen unaufhörlich in die Wirklichkeit entfaltet, hier und jetzt.

In letzter Konsequenz heißt dies aber: Es gibt gar nichts anderes als die Liebe. Es gibt nichts anderes als die Liebe! Letztlich gibt es nur die Liebe.

Auf mich und mein Selbst übertragen, bedeutet das, dass auch ich Liebe bin. Ich liebe, also bin ich. Amo ergo sum.

Und was Bohm über die naturwissenschaftliche Forschung sagte, nämlich, dass es dabei weder um die alleinige Betrachtung der inneren Ordnung noch um die alleinige Betrachtung der äußeren

Vielfalt gehe, sondern einzig und allein um die Betrachtung der Einen Bewegung – dies lässt sich ebenso gut auf den Bereich der Selbstrealisation übertragen.

Denn ohne diese Eine Bewegung gäbe es die Wirklichkeit nicht, das ist klar. Ohne diese Eine Bewegung gäbe es aber auch die Wahrheit nicht – weil es kein Bewusstsein gäbe, das sie *wahr-nimmt.* »Ich weiß, dass ohne mich Gott nicht ein Nu leben kann«, sagte der deutsche Mystiker Angelus Silesius. »Werd ich zunicht, er muss vor Not den Geist aufgeben.«

Erst wenn es uns gelingt, unsere Aufmerksamkeit ausschließlich auf die Eine Bewegung, das heißt die Liebe, zu richten, haben wir den letzten großen *gap* von Einheit und Dualität überbrückt – jenen Graben, der bisher unüberwindbar erschien. Dann *erkennen* wir die Vielfalt in der Einheit und *erleben* Einheit in der Vielfalt.

Daher kann man sagen: In der modernen Selbstrealisation, zumindest wie sie in *Amo ergo sum* beschrieben ist, gibt es kein Ziel mehr. Denn weder ist es das alleinige Ziel, die Dualität zu transzendieren, noch ist es das alleinige Ziel, sein Potenzial zu verwirklichen. Die Liebe ist es, auf die wir schauen, die Eine Bewegung.

Diese neue r/evolutionäre Sicht des Erwachens im Hohen Selbst führt nicht zum Ausstieg aus dem Kreislauf der Existenz. Vielmehr führt sie zu einer Neugeburt, die einer Auferstehung gleicht. Wie Phönix aus der Asche erheben wir uns zu einem bewussten Leben in schöpferischer Souveränität. Vom Sklaven werden wir zum Meister unserer Wirklichkeit, einer Wirklichkeit, die wir nach unseren höchsten Vorstellungen nun selbst gestalten können. Es ist wie ein Übergang vom bloßen *Über*leben in das erfüllte *Er*leben dieser Welt.

In der schöpferischen Liebe erschaffen wir kein Karma mehr. Karma als das Gesetz von Ursache und Wirkung gehört zum Bewusstseinszustand der Trennung. In der Liebe aber erschaffen wir kein neues Karma mehr. Stattdessen kommen andere Gesetzmäßigkeiten zum Tragen, wie das Gesetz der Synchronizität. Plötzlich scheinen Wunder unseren Alltag zu bestimmen; Fügungen treten gehäuft in unser Leben, die uns völlig unbeabsichtigt genau das zuspielen, was uns im Augenblick weiterbringen kann: spezielle Menschen, Wendungen von Situationen, Botschaften ... Jeder, der sich im Fluss der Einen Bewegung befindet, wird dies bestätigen können.

Das Leben wird spannend, sinnlich, abenteuerlich und gestaltet sich immer neu – in Vollkommenheit.

Die traditionelle Auffassung von Selbstrealisation erfasste nur die Hälfte der Wegstrecke. Erleuchtung ist erst der Anfang!

Tatsächlich gibt es nur *einen* Weg, der Wahrheit und Wirklichkeit verbindet. Und dieser Weg ist die Liebe.

Die Liebe ist die einladende Hand, die uns nach innen führt, in das tiefste, wahre Selbst. Sie allein ermöglicht *religio*, die Rückverbindung mit unserem Wesenskern, der im Gleichklang schwingt mit dem *unpersönlichen* Urgrund aller Existenz. Aber mehr noch: Liebe ist nicht nur die Kraft, die uns den Weg weist, *unser innerster Kern selbst schwingt immerfort in dieser Liebe.* In seiner letzten Bedeutung heißt dies: Liebe ist Leben; Liebe ist die Essenz allen Seins, die Wirkkraft des Universums.

Und das heißt weiterhin: Gott ist die Liebe – Gott ist GEIST, der sich in Liebe verströmt. An diesen GEIST der Liebe müssen wir uns hingeben, wollen wir Vollkommenheit – Ganzheit – erlangen. Denn die Liebe ist es, die all jene Gegensätze überbrückt, welche uns das Ego und der Intellekt immerfort vorgaukeln: Innen und Außen, Himmel und Hölle, Ich und Du, Entweder oder ... Liebe verbindet. Sie ist die Intelligenz der Integration, die uns die neue Dimension des Sowohl-als-auch eröffnet: das ungeteilte Kraftfeld von Wahrheit und Wirklichkeit, eine wirkliche und wahrhaftige Non-Dualität, die weit über *Advaita* hinausgeht.

Wir können dieses Kraftfeld erfahren und nutzen. Hier und jetzt. Denn Liebe kann nur im Augenblick – in der Gegenwart – erfahren werden. Sie ist nicht projizierbar auf Vergangenheit oder Zukunft. Ebenso wenig ist »Gott« projizierbar auf eine Instanz im Außen, weder auf die Natur noch auf die Große Göttin, noch auf Gott Vater. Gottes Gnade kommt nicht von oben herab. Gott wirkt in uns, in ausnahmslos allen Erscheinungen. Gott ist reiner, unpersönlicher GEIST, der die implizite Ordnung jeglicher Existenz bedingt.

Das Lebensmotto des neuen Menschen kann deshalb nicht länger lauten: »Cogito ergo sum – ich denke, also bin ich.« Es sollte heißen: »Amo ergo sum – ich liebe und lebe, also bin ich.« Denn nicht die Ratio, sondern allein die Liebe vermag uns zum wahren Selbst zu führen. Befreiung setzt einen Erkenntnisweg voraus, der nicht nur ein Akt des Verstandes ist. Es geht nicht darum, einen Gegenstand, ein Objekt einem Subjekt nahe zu bringen. Vielmehr ist der Erkenntnisvorgang ein ontologischer Prozess, durch den das Sein zu dem wird, was es ist, indem es erkannt wird.

Nur indem wir dieses Sein realisieren, können wir einen Beitrag zu einer Wirklichkeit leisten, die auf dem starken Fundament einer Kultur des Herzens ruht.

Der Mensch aber ist ein Gott,
sobald er Mensch ist.
Und ist er ein Gott,
dann ist er schön.
Hölderlin

Teil zwei Das Selbst

Die drei Dimensionen

Aus dem »Zusammenwissen« (engl.: *consciousness*)
von Wahrheit und Wirklichkeit
entsteht Bewusstsein – bewusstes Sein.

Die Ähnlichkeit des englischen Wortes *consciousness*
mit dem französischen *conscience*
enthüllt auch das Geheimnis,
wo wir dieses Bewusstsein – dieses Zusammenwissen – finden:
in unserem Gewissen nämlich,
denn *conscience* heißt Gewissen.[13]

Das universelle, kosmische Bewusstsein spiegelt sich im individuellen Bewusstsein wider, *Brahman* in *Atman*. In diesem Bewusst-Sein wird der Mensch zu einem universalen Wesen. Angebunden an die Intelligenz der Liebe[14], erkennt er sich in seiner Vielschichtigkeit und lernt die Dimensionen des Selbst bewusst zu nutzen.

Dreiteilige Modelle gehören seit jeher zu den einfachsten und dennoch ganzheitlichsten Konzepten des menschlichen Selbst. In *Amo ergo sum* unterscheiden wir das Hohe, das Untere und das Mittlere Selbst beziehungsweise das Überbewusstsein, Unterbewusstsein und Alltagsbewusstsein, und zwar im Sinne einer holonischen Sichtweise: Das Hohe Selbst umfasst das Untere und das Untere das Mittlere.

Während das Hohe Selbst allumfassend ist, nimmt das Alltagsbewusstsein, mit dem wir normalerweise die Wirklichkeit wahrnehmen und lenken, nur einen sehr geringen Teil unseres Bewusstseins ein. Es lohnt sich also durchaus, die beiden übrigen Dimensionen zu erschließen.

Die drei Dimensionen sind im Hauptbuch ausführlich dargestellt. Ihre wichtigsten Merkmale und Funktionen sollen hier noch einmal stichpunktartig wiedergegeben werden, um den anschließenden Praxisteil in einen sinnvollen Zusammenhang zu stellen.

Das Hohe Selbst – Überbewusstsein

(Atman, Buddha-Geist, Christus-Bewusstsein, das Supra-Mentale, die leuchtende Schechina)

1 ***Erleuchtung und mystische Vereinigung vollziehen sich im Hohen Selbst und durch das Hohe Selbst. Auch die permanente Fähigkeit zur völligen geistigen Durchdringung der Wirklichkeit erwächst aus dem Hohen Selbst. Es ist jener Anteil unseres Bewusstseins, durch den wir als Individuum mit der höchsten Wahrheit, mit der impliziten Ordnung und mit dem Ganzen in unlösbarer Verbindung stehen. Das Hohe Selbst ist also überpersönlich und persönlich zugleich.***

2 ***Überpersönlich, transpersonal und damit*** **unpersönlich** ***ist es in seinem allumfassenden, ewigen Aspekt jenseits von Raum und Zeit als unsere geistige Essenz (Über-Seele, Gottselbst).***

3 ***Zugleich ist es aber auch zutiefst persönlich, da es erst durch*** **uns** ***– erst durch die individuelle Ganzheit unseres Körper-Seele-Geist-Wesens –*** ***mittels*** **unseres** ***Bewusstseins erfahren werden kann.***

4 ***Durch das Hohe Selbst treten wir in das Spannungsfeld von Wahrheit und Wirklichkeit ein. In diesem Spannungsfeld befindet sich die Instanz des Gewissens, unsere innere Stimme, die von der impliziten Ordnung weiß, die***

***ewige, unveränderliche Wahrheit kennt und die – das ist das Besondere daran – diese kosmische, transpersonale Wahrheit an unseren persönlichen Anteil* anbindet.**

5 ***Daher ist das Hohe Selbst die Quelle unseres höchsten Potenzials, unseres ureigenen Genius, die Quelle von Inspiration und Intuition, sprich: der inneren Führung.***

6 ***Sein Werkzeug ist die Liebe oder Lebensenergie, die den Prinzipien der Selbstregulation und Selbsttranszendenz gehorcht. Das heißt: Im Hohen Selbst findet nicht nur Heilung statt, sondern von dort werden auch ständig Heilungsimpulse ausgesendet.***

7 ***Das Hohe Selbst ist im Herzen des Menschen beheimatet.***

Wie öffne ich mich dem Hohen Selbst?

1 Indem ich wahrhaftig und authentisch bin, mich selbst annehme, so wie ich gerade bin; das heißt: indem ich mich zu meiner innersten Wahrheit bekenne.
Erkenne deine Natur, respektiere sie und lebe nach ihr. Denn deinem innersten Wesen kannst du genauso wenig entfliehen wie der Wahrheit. Du kannst nur gegen sie leben – oder mit ihr.

2 Indem ich auf meine innere Stimme höre und ihre Botschaften umsetze, das heißt: tue, was getan werden *will: »Dein Wille geschehe.«* Auf diese Weise bringe ich meinen persönlichen Willen mit dem göttlichen Willen in Einklang. Mein Hohes Selbst wird zu meiner einzigen Autorität.

3 Indem ich stets den Wegweisern Wahrheit, Liebe und Freude folge.

4 Indem ich mich von der Sehnsucht nach Vollkommenheit leiten lasse: das Leben bejahe, jeden Augenblick genieße, mein Licht

leuchten lasse und dabei mein ganzes Sein und Handeln in den Dienst einer Sache stelle, die größer ist als ich selbst.

5 Indem ich trennende Denk- und Verhaltensmuster, das heißt jede Form von Negativität, Zerstörung und Lieblosigkeit, in Herzensqualitäten verwandle, und zwar dort, wo sie mir gerade begegnen, hier und jetzt.

6 Indem ich das Leben als Schule sehe, Probleme und Krisen, Schmerz und Leid als Lernmaterial betrachte und als Chancen für weiteres Wachstum begrüße.

7 Indem ich nichts persönlich nehme – weder Kritik, Schuldzuweisungen oder Anfeindungen noch die Versuche anderer, mich auf einen Sockel zu stellen.

8 Indem ich uneingeschränkt allen fühlenden Wesen Mitgefühl und Wertschätzung entgegenbringe.

9 Indem ich eine – höchste – Vision erschaffe und meine tiefsten Träume verwirkliche.

Kommunikation mit dem Hohen Selbst

Die klassischen Formen der Kommunikation mit dem Hohen Selbst sind Gebet und Meditation. Wenn es uns gelingt, im Gebet den *mind* auszublenden und uns wirklich an das Hohe Selbst hinzugeben, werden wir wertvolle Botschaften erhalten. Alle Fragen werden beantwortet werden. Ob diese Botschaften tatsächlich aus dem Hohen Selbst stammen oder nicht, erkennen wir daran, dass sie Wahrheit, Liebe und Freude – oder, wie Platon sagte, das Wahre, Gute und Schöne – reflektieren und für alle gut sind. Ihre Merkmale sind Absichtslosigkeit und Güte.

Wann immer wir das Hohe Selbst anrufen, wird es uns durch ein Zeichen zu verstehen geben, dass es uns »erhört« hat. Die Anbindung an das Hohe Selbst können wir nämlich fühlen: als eine glückselige Gänsehaut, ein freundliches Kribbeln oder ein durchströmendes Gefühl von Wärme und Freude. Die Huna nennen dieses Zeichen den »Regen des Segens«. Wir können die Anbindung auch sehen. Sie zeigt sich, wenn die Augen und das Gesicht eines Menschen offen leuchten. Sie offenbart sich in der Schönheit eines wahren Augenblicks, ja, tatsächlich in allem, was sich gut, ganz, schön, heil und friedlich anfühlt.

Die vollendete Verbindung eines Menschen mit seinem Hohen Selbst äußert sich in bedingungsloser Liebe. Ein solcher Mensch ist frei von Erwartungen und Forderungen. Er projiziert nicht mehr und nimmt keine Projektionen mehr an. Er benötigt keine falschen Sicherheiten, sondern schöpft aus der Fülle des Augenblicks. Sobald er Trennung in sich entdeckt, verwandelt er diese in Liebe. Zwar findet er all diese Aspekte noch in seinem Unteren Selbst, doch identifiziert er sich nicht länger mit ihnen. Er verstrickt sich nicht mehr durch ungewollte Reaktionen, sondern bleibt gelassen und humorvoll. Er ist nicht länger Sklave seiner Überzeugungen, sondern Meister seiner Wirklichkeit. Er ist frei von Angst und Neurosen. Ja, er *ist* frei und daher offen für Neues, mit einer Leidenschaft für die ungeahnten Möglichkeiten des Seins. Er lebt im Augenblick und interessiert sich nur für die Zukunft. Durch und durch positiv *verkörpert* er Wahrheit, Liebe und Freude. In der bedingungslosen Liebe *ist* er das Hohe Selbst. Sich total auf das Leben einlassend, ist er hier, um hier zu sein. Aus keinem anderen Grund. Er ist. »Ich bin, der ich bin.«

Ständige Ausrichtung

Solange ein Mensch noch nicht vollständig der ist, als »der er gemeint ist«, kann er sich dennoch jeden Augenblick neu auf sein Hohes Selbst – auf Wahrheit, Liebe und Freude – ausrichten.

Diese ständige Ausrichtung *(constant rememberence)* bildet eine der wichtigsten Methoden der Selbstrealisation. Sie ist ebenso einfach wie effektiv.

Und darum geht es: dass wir tief im Inneren Liebe sind und dass wir deshalb jederzeit Liebe erfahren können, daran gilt es sich immer wieder, konsequent und kontinuierlich, den ganzen Tag über zu erinnern – morgens nach dem Aufstehen und abends vor dem Schlafengehen; wann immer wir ängstlich, negativ oder destruktiv sind; wann immer uns Trennung und Lieblosigkeit begegnen; wann immer wir uns dabei ertappen, unseren Schatten oder unser Licht zu projizieren und die Verantwortung abgeben zu wollen.

Die Technik der ständigen Ausrichtung ist eine stetige Neuöffnung des Herzens. Wir können sie mit dem Atem unterstützen, indem wir tief in die Mitte der Brust atmen und uns vorstellen, wie sich mit jedem Atemzug das Herz dehnt und weitet, größer und leuchtender wird, größer und leuchtender ..., bis es in Liebe alles umfasst, was da ist.

Die Amo-ergo-sum-Herzmeditation

In den Bewusstseinszustand der Liebe und Heilung gelangen

ÜBUNG 1 Du machst es dir auf deinem Stuhl oder Sessel bequem, ganz bequem, und richtest die Aufmerksamkeit auf den Atem, auf das Ein und Aus des Atems. Mit jedem Ausatmen gibst du ein wenig mehr von der Spannung und Unruhe in dir ab. Du atmest es einfach aus. Alle Muskeln, alle Nerven lassen los. Dein Körper ist vollkommen entspannt. Auch das Trennende, Negative, das du im Augenblick noch spürst, kannst du mit dem Ausatmen loslassen. Du gibst es einfach ab.

2 Jetzt lässt du dein Bewusstsein langsam aus dem Kopf in die Region des Herzens gleiten. Dein Bewusstsein verankert sich in deinem Herzchakra, dabei wird dein Herz ganz weich und leicht. »Ich verbinde mich mit meinem Hohen Selbst«, so sagst du still zu dir selbst – und wartest auf den Regen des Segens, auf die Antwort des Hohen Selbst. Du be-

obachtest den Atem, atmest Liebe ein und atmest Liebe aus und spürst, wie Liebe den Körper durchströmt.

3 Gedanken ziehen vorbei wie Wölkchen am Horizont. »Ich halte an keinem Gedanken fest. Ich bin nicht meine Gedanken, denn diese können widersprüchlich und falsch sein. Mal sind sie so, mal so. Sie sind vergänglich. Ich bin nicht meine Gedanken. Ich bin mehr als meine Gedanken.« Gefühle und Empfindungen tauchen auf, und auch sie kommen und vergehen. Auch meine Gefühle sind vergänglich. Mal sind sie so, mal so. Ich bin nicht meine Gefühle. Ich bin mehr als meine Gefühle.
Ich bin mehr als mein Körper, mehr als meine Gedanken, mehr als meine Gefühle. Mein ewiges, unvergängliches, wahres Selbst ist reines Bewusstsein, allumfassende Liebe, und diese Liebe durchdringt jederzeit alles, was ich bin – selbst wenn ich dies im Augenblick weder sehen noch verstehen kann.
Ich bin Liebe, alles allumfassende Liebe. Im Innersten meines Herzens, jenem Ort, an dem sich alle Facetten meines Selbst vereinen, bin ich Liebe. Liebe ist die Kraft, die mich in das Ganze einbindet und mich am Leben erhält. Liebe ist Lebensenergie – Licht. Liebe ist das Prinzip der Verbindung. Daher führt sie zur Ganzheit. Ganzheit ist Heilung.

4 Ich atme Liebe ein und nehme die Energie des Ganzen in mich auf. Ich atme Liebe aus und verströme die Liebe, die ich bin. Ich verströme mich selbst in Liebe.
Vom Herzen aus lasse ich den Atem der Liebe in meinen Körper fließen. Mein Körper füllt sich mit der heilenden, selbstregulierenden Kraft der Liebe: Muskeln, Organe, Knochen, Wirbelsäule und Skelett, Blut und Körperflüssigkeiten. Ich atme Liebe in meine Arme und Beine, in Hände und Füße, bis hinein in die Fingerspitzen und Fußzehen. Das heilende Licht der Liebe erfüllt meinen Kopf und mein Gehirn, mein Gesicht und meine Augen. Liebe strömt in

meine Haut und von dort ins Außen. Sie erfüllt meine ÜBUNG Umgebung, diesen Raum und die Menschen, die mit mir sind. Sie erfüllt das ganze Haus, all seine Bewohner. Durch meine Gedanken lenke ich diese Liebe zu meinen Liebsten, meiner Familie, meinen Kindern, Eltern, Partnern, Freunden und Gefährten. Meine Liebe dehnt sich aus über die ganze Gegend, strömt über die Landesgrenzen hinaus, breitet sich allmählich über den Planeten Erde aus und strömt von dort in das Universum: die Galaxien, Sterne, Planeten, Sonnen, in die Unendlichkeit, das ALL. Ich spüre die unendliche Fülle, die unendliche Weite. ALLES ist von Liebe durchströmt, ALLES ist hier und jetzt durch meine Liebe vereint.

5 Ich nehme das Hier und Jetzt wahr, den Augenblick. Es gibt nur diesen Augenblick. Vergangenheit und Zukunft liegen gebündelt in diesem Augenblick. Raum und Zeit liegen gebündelt in diesem Augenblick. Ich bin dieser Augenblick. Ich bin reine Gegenwart, reines Gewahrsein, reines Bewusstsein. Ich bin. Ich bin das »ES IST«. In bin der Schöpfer dieses Augenblicks. Hier und Jetzt.

6 Durch die Eine Bewegung der Liebe habe ich mich in das Ganze *entfaltet*. Ich bin eins mit allem, was ist. Ich schmecke den Einen Geschmack der Ganzheit. Ich verschmelze mit der Fülle und verweile dort für einige Minuten ... (einige Minuten Stille) ...

7 Nun führt mich die Eine Bewegung denselben Weg zurück – zurück in mein Herz. Dem Atem der Liebe folgend, falte ich nun das All in mein Herz ein.
Ich atme aus und umfasse das ALL. Ich atme ein und falte das ALL in mein Herz ein.
Ich atme aus und umarme das Universum mit all seinen Wesen, Kräften, Energien und Intelligenzen. Ich atme ein und falte das Universum in mein Herz ein.

Ich atme aus und umarme den Planeten Erde und mit ihm die gesamte Menschheit. Ich atme ein und falte Erde und Menschheit in mein Herz ein.

ÜBUNG

Ich atme aus und umarme mein Land und seine Bewohner, meine Kultur. Ich atme ein und falte meine Heimat in mein Herz ein.
Ich atme aus und umarme den Ort, an dem ich mich aufhalte, und seine Bewohner. Ich atme ein und falte die Lebendigkeit meiner Umgebung in mein Herz ein.
Ich atme aus und umarme den Raum, in dem ich bin, und die Menschen, die mit mir sind. Ich atme ein und falte diese Energie in mein Herz ein.
Ich atme aus und umarme mich selbst, meinen Körper, meine Gefühle, Empfindungen, Gedanken. Ich atme ein und falte all dies in mein Herz ein.

8 Ich bin mit meinem Hohen Selbst verbunden und spüre den Regen des Segens. Das Licht der Wahrheit leuchtet durch meine Wirklichkeit. Ich fühle die einladende Hand der Gnade und gebe mir selbst das Versprechen, ihr zu folgen.
Mein Hohes Selbst ist meine einzige Autorität.
Durch das Hohe Selbst bin ich mit dem Ganzen verbunden. Im Juwel meines Herzens ruht das gesamte Universum. Hier bin ich eins. Eins mit ALLEM und eins mit meiner Kraft. Hier sprudelt die Quelle der Weisheit. Ihr allein schenke ich Gehör. Die innere Wahrheit ist mein einziger Maßstab. Daher habe ich einen unerschütterlichen Glauben an mich selbst und meine innere Kraft. Ich bekenne mich zu meiner Wahrheit und nehme meinen Platz im Ganzen ein. In mir bin ich geschützt und geborgen, vollkommen und sicher. Das Vertrauen in die Führung des Hohen Selbst schenkt mir Urvertrauen. Urvertrauen ist Selbstvertrauen.«

Das Untere Selbst – Unterbewusstsein

I. Gedächtnis- und Erinnerungsspeicher

1 *Das Untere Selbst ist der menschliche Gedächtnis- und Erinnerungsspeicher. Er umfasst:*

a) die persönliche Erinnerung (gespeichert auf der Ebene der Muskulatur),
b) die pränatale Erinnerung aus der Zeit von der Empfängnis bis zur Geburt (gespeichert im Skelett)[15]*,*
c) das transpersonale, kollektive Gedächtnis der Menschheit. Diese Erinnerung speichert (auf der Zellebene) das gesamte evolutionäre Wissen. Sie entspricht dem »kollektiven Unbewussten« von C. G. Jung, dem »morphogenetischen Feld« von Rupert Sheldrake und dem »Psi-Feld« von Ervin Laszlo.

Das Untere Selbst schließt somit alle personalen und präpersonalen Informationen über die Vergangenheit ein, vom Beginn der Menschheitsgeschichte bis heute!

2 *Im Prozess der Selbstrealisation kommt dem persönlichen Gedächtnis die größte Bedeutung zu. Dieses umfasst alle mentalen, emotionalen und körperlichen Prozesse, die sich unserer bewussten Wahrnehmung und Kontrolle entziehen:*

- *Gedanken, Erinnerungen, Vorstellungen, Emotionen;*
- *alles Erlebte und Erlernte;*
- *alles, was wir jemals durch die Sinne erfassten;*
- *die vegetativen Körperprozesse (Atmung, Stoffwechsel, Verdauung, Ausscheidung, Reize, Reflexe, Motorik).*

a) Es ermöglicht Erinnerung, das Erlernen von Fähigkeiten und Fertigkeiten, das Entwickeln von Gewohnheiten, die Aufrechterhaltung der körperlichen Integrität und einer gesunden Identität.
b) Daher ist es maßgeblich für das individuelle Verständnis der Welt. Das heißt: Es liegt allen bewussten Wahrnehmungen, Gefühlen, Aktionen und Reaktionen zugrunde.

Wir sehen nur, was das Unterbewusstsein uns sehen lassen will; wir denken nur, was das Unterbewusstsein uns erlaubt; wir hören nur, was das Unterbewusstsein uns hören lassen will. Der Rest wird aus der bewussten Wahrnehmung herausgefiltert.

c) *Diese Filter stehen mit verinnerlichten Glaubenssätzen und Überzeugungen in Zusammenhang. Phänomene, die wir nicht glauben können, werden automatisch aus unserer Wahrnehmung ausgefiltert.*
d) *Die Filter funktionieren ihrer natürlichen Aufgabe entsprechend, wenn keine Blockaden vorhanden sind.*

II. Das Wesen des Unteren Selbst

1 *Es »denkt« in traumähnlichen Gedankenprozessen: assoziativ, symbol- und bildhaft, paralogisch.*

2 *Es bestimmt unser Traumbewusstsein (Tagträume und Nachtträume).*

3 *Es wird der rechten Gehirnhälfte zugeordnet.*

4 *Aufgrund seiner Flexibilität und seines fließenden Charakters entspricht es symbolisch dem Wasserelement.*

5 *Das Untere Selbst ist die Psyche.*

6 *Es wird mit weiblichen und kindhaften Eigenschaften assoziiert und hat eine starke Affinität zu Emotionen und Empfindungen.*

7 *Es unterscheidet nicht zwischen Vergangenheit, Gegenwart und Zukunft, sondern kennt nur das Jetzt.*

8 *Ebenso wenig unterscheidet es nach der Herkunft eines Erlebnisses; ausschlaggebend ist die Intensität der Erfahrung.*

9 *Es unterscheidet nicht zwischen Ja und Nein.*

10 *Seine Motivation geht stets fort vom Schmerz in Richtung Lust.*

11 Es vertraut sich bedingungslos der Führung des Hohen Selbst an, sobald es dessen Gegenwart spürt.

12 Das Untere Selbst kann keine schöpferischen Entscheidungen oder neue Lösungen finden. Es kann nur tun, was es aus früheren Erfahrungen gelernt hat und was es von gegenwärtigen Erlebnis-Elementen entgegennehmen kann.

Die natürlichen Emotionen leben

In seinem Kindcharakter reagiert das Untere Selbst positiv auf jede Art von liebevoller Behandlung. Es will gehegt, umsorgt und gewürdigt werden. Es möchte die *natürlichen* Emotionen Zorn, Trauer, Eifersucht und Liebe[16] leben dürfen. Zu diesen natürlichen Emotionen gehören nur zwei Arten der Angst: die Angst vor dem Fallen und die Angst vor übermäßiger Lautstärke. Werden die natürlichen Emotionen unterdrückt oder nicht gewürdigt, dann wird der freie Fluss der Lebensenergie blockiert. Es entsteht eine energetische oder stoffliche Spannung, unter der sich die Emotionen in ihr pathologisches Gegenteil verkehren: Der »heilige« Zorn wird zu Aggression und Hass, Trauer zu Selbstmitleid, Bitterkeit und Klage, Eifersucht endet im Drama, Liebe führt zu Trennung und Zerstörung.

Wollen wir einen ungehinderten Zugang zu unserem Unteren Selbst bekommen, um wichtige Informationen aus ihm zu beziehen, um alte Muster zu transformieren oder neue »Programmierungen« einzuschleusen, so ist es von außerordentlicher Wichtigkeit, unsere Emotionen nicht nur zu leben, sondern zu *genießen*.

Vermeidung von Negativität

Das Untere Selbst lässt sich »erziehen« durch Vermeidung von: a) Stress, b) negativen Glaubenssätzen und Überzeugungen, c) negativen Emotionen – und indem wir es an das Hohe Selbst anbinden.

Auf diese Weise wird das kosmische Bewusstsein mit dem immensen Wissens- und Erfahrungsspeicher des Unteren Selbst zu einer reinen, authentischen und unendlichen Informationsquelle verbunden. Menschen, die zum Beispiel in der Akasha-Chronik lesen können, haben diese Fähigkeit durch die Anbindung des Unteren an das Hohe Selbst erreicht.

Anbindung an das Hohe Selbst

1 Die unmittelbarste Form der Anbindung ist die direkte Invokation beziehungsweise Anrufung: »Ich verbinde mich mit meinem Hohen Selbst. Ich bin mit meinem Hohen Selbst verbunden. Ich ruhe im Hohen Selbst. Ich bitte um geistige Führung bei der Verwirklichung meiner Vision.« Wenn man durch die ständige Ausrichtung erst einmal einen intensiven Kontakt zum Hohen Selbst hergestellt hat, erfolgt diese Verbindung meist sehr schnell und reibungslos.

2 Aufgrund der Tatsache, dass das Untere Selbst seine Informationen nach dem Prinzip »Lust vor Schmerz« auswählt, kann man das Unterbewusstsein durch intensives sinnliches Genießen dazu erziehen, nur positive Muster in das Alltagsbewusstsein vordringen zu lassen. Lebensqualität und Leistungsfähigkeit lassen sich auf diese Weise enorm erhöhen und Beziehungen in jeder Hinsicht verbessern.

Aus demselben Grund sollten wir Schönheit in unser Leben bringen und um das Hässliche einen großen Bogen machen. »Probleme sind nicht dazu da, sie zu lösen, sondern sie zu umgehen.« Dabei geht es jedoch nicht darum, Probleme unter den Teppich zu kehren. Vielmehr möchte dieser etwas provokative Leitsatz auf die Notwendigkeit verweisen, Vergangenes loszulassen und die Aufmerksamkeit stattdessen dem Wahren, Guten und Schönen zuzuwenden. Wohin die Aufmerksamkeit fließt, das wird sich verstärken und schließlich manifestieren. Und Gedanken sind bereits Wirklichkeit!

Zu diesem Thema zwei taoistische Übungen:

ÜBUNG 1 Denke so lange »Ich bin glücklich«, bis du zu lächeln beginnst.

2 Lächle bewusst, bis du Freude verspürst.

Kommunikation mit dem Unteren Selbst

Dass man mit dem Unteren Selbst ausgezeichnete Gespräche führen kann, wissen wir spätestens seit dem Bekanntwerden der hawaiianischen Huna-Magie in unseren Breiten. Zwar wurde die Kommunikation mit dem Unterbewusstsein in nahezu allen esoterischen Traditionen gepflegt, doch entfaltete sie im Huna ihre schönste Blüte. Hat man es sich erst einmal zur Gewohnheit gemacht, mit dem Unteren Selbst zu sprechen, wird man sich nie mehr einsam fühlen. Es wird nicht nur unser bester Freund, sondern angesichts seines enormen Wissens auch unser bevorzugter Berater werden.

Es ist erstaunlich, wie gut die Zusammenarbeit mit dem Unteren Selbst funktioniert, wenn man einige »Tricks« beherzigt.

1 Ebenso wie das Hohe Selbst »hört« auch das Untere Selbst auf uns, wenn wir uns ihm zuwenden. Das mag eigenartig und vielleicht sogar ein wenig verrückt klingen; denn im Grunde handelt es sich bei den vorgeschlagenen Dialogen um Selbstgespräche. Aber warum nicht? Moderne Formen des Selbstgesprächs wie der *Voice Dialogue* arbeiten mit exakt denselben Erkenntnissen und Erfahrungen. Wie wir alle wissen, sprechen ständig sehr, sehr viele Stimmen in uns: Stimmen, die oft gegensätzliche Positionen einnehmen und sich nicht selten in die Quere kommen. Das Gespräch erfüllt eine Spiegelfunktion. Meist werden wir uns erst durch die innere Zwiesprache darüber bewusst, wie vielstimmig und oft unstimmig unser feinstoffliches Orchester musiziert. Durch den Dialog können wir nicht nur bestehende Dissonanzen ausglei-

chen, sondern auch neue »Stücke« einüben. Wir – als das Mittlere Selbst – werden zum Dirigenten unseres inneren Orchesters, während das Hohe Selbst für die genialen Inspirationen und Neukompositionen sorgt.

2 Das Untere Selbst reagiert besonders schnell, wenn wir ihm einen Vornamen geben, weil es auf eindeutige, wiederholbare Signale anspricht. Es ist egal, ob es sich dabei um einen männlichen oder weiblichen Namen handelt. Wichtig ist, dass es ein liebevoller Name ist. Also wählen wir zuallererst einen passenden Namen für es aus – bei dem wir in Zukunft auch bleiben sollten.

3 Wenn wir alsdann mit ihm Kontakt aufnehmen, gehen wir liebevoll und pfleglich mit ihm um. Wir motivieren es durch Begeisterung, Freude und Ermutigung und machen ihm die erwünschten Veränderungen und neuen Aufgaben so schmackhaft wie möglich.

4 Wollen wir neue Fertigkeiten speichern, um diese in Zukunft mühelos abrufen zu können, dann machen wir es ihm unserer höchsten Vorstellung gemäß vor. Die tatsächliche praktische Anleitung wirkt wesentlich stärker als eine bloße Visualisierung.

5 Sollte das Untere Selbst bei einigen Wünschen, Vorschlägen und Anweisungen nicht reagieren, müssen wir ihm unsere Absicht mit *Nachdruck* vermitteln. Wie gesagt, möchte es wie ein Kind behandelt werden: liebevoll, aber bestimmt.

6 Wann immer wir mit dem Unteren Selbst gearbeitet haben, sollten wir uns anschließend bei ihm bedanken und seine Arbeit lobend würdigen. Jedes Lob wirkt bekräftigend, setzt positive Energien frei und regt zu weiterer Mitarbeit an.

Das Mittlere Selbst – Das Alltagsbewusstsein

1 ***Das Mittlere Selbst ist im Wachzustand aktiv.***

2 ***Es stellt sowohl die Brücke zwischen den inneren und äußeren Welten als auch die Brücke zwischen Überbewusstsein und Unterbewusstsein dar. Das heißt: Es ist der Fokus, durch den ich bewusst in die beiden anderen Dimensionen eintauchen kann.***

3 ***Durch das Mittlere Selbst sind wir Körper (Erde) und Aktivität (Feuer). Hierdurch werden wir uns unserer Einzigartigkeit bewusst. Es macht unsere Identität aus.***

4 ***Sein Werkzeug ist der Intellekt, welcher der linken Gehirnhälfte zugeordnet wird.***

5 ***Seine Hauptmotivation ist Ordnung. Es braucht Kategorien und Regeln, um verstehen zu können. Daher liebt es Logik und Kontrolle.***

6 ***Das wirklich Besondere an ihm ist der freie Wille, der uns Entscheidungsfähigkeit verleiht und die Möglichkeit zu wählen gibt.***

Die Frage der Wahl ist unendlich wichtig. Wir haben tatsächlich die Wahl, Liebe oder Leid zu erleben, und dies ist immer eine Wahl zwischen Wahrheit und Illusion, zwischen Ganzheit und Trennung. Die allem zugrunde liegende Wahrheit besagt, dass die Essenz unseres Wesens Liebe ist. Und eben weil wir die Wahl haben und immer hatten, können wir uns nicht als Opfer äußerer Umstände betrachten. Wenn wir diese einfache Tatsache beherzigen, können wir bewusst schöpferisch tätig werden.

Schon von Beginn eines jeden Manifestationsprozesses an haben wir die Wahl, welche *Absicht* wir verfolgen wollen. Eine klare Absicht ist immer auf Wahrheit und Liebe gegründet und auf die höchste

Vorstellung ausgerichtet. Ebenso können wir wählen, *wohin* wir unsere Aufmerksamkeit richten werden, ob wir unsere Energien, Kräfte und Ressourcen auf etwas Positives oder etwas Negatives fokussieren wollen. Wir können wählen, immun gegenüber Zweifeln und negativen Einflüssen zu sein. Wir können uns entscheiden, unsere Kräfte nur konstruktiv zu nutzen und uns ganz auf unser Ziel zu konzentrieren. Erst der freie Wille eröffnet uns den Weg bewussten Planens und Handelns. Und schließlich haben wir auch die Wahl, wie wir eine Situation interpretieren wollen: auf der Grundlage einer wertfreien Betrachtung und unpersönlichen Analyse oder aufgrund heftiger Gefühlswallungen.

Den freien Willen annehmen, mit ihm spielen und ihn nutzen, die Möglichkeit der Wahl auskosten und mit ihr experimentieren: Dies wird uns die Erkenntnis bringen, dass unsere Wahrnehmung der Welt tatsächlich eine von uns selbst hervorgebrachte Wahrnehmung ist und nicht etwas Gegebenes. Wir lernen die Verantwortung für unsere Wahrnehmung und unsere Ent-Scheidungen zu übernehmen.

Es wurde uns alles gegeben, was wir brauchen, um jetzt glücklich zu sein, sagt der »Kurs in Wundern«. Dass dies tatsächlich so ist, erleben wir, wenn wir von unserem freien Willen Gebrauch machen.

Verweigern wir eine »Not-wendige« Entscheidung, so verbirgt sich dahinter wahrscheinlich eine von zwei möglichen Ängsten: entweder die Angst, enttäuscht zu werden, Kritik und Zurückweisung zu ernten, oder – was viel häufiger der Fall ist – die Angst, sein eigenes Licht leuchten zu lassen.

Unsere größte Angst besteht nicht darin, wir könnten unzulänglich sein.
Unsere größte Angst besteht darin, wir könnten grenzenlos mächtig sein.
Unser Licht, nicht unsere Finsternis macht uns am meisten Angst.
Wir fragen uns: Wer bin ich, um so großartig zu sein?
Aber wer bist du, es nicht zu sein? Du bist ein Kind Gottes.
Es ist der Welt nicht dienlich, wenn du dich klein machst.
Sich einzuschränken, nur damit andere um dich herum
sich nicht verunsichert fühlen, hat nichts Erleuchtendes.

Wir wurden geboren, um den Ruhm Gottes
zu manifestieren, der in uns wohnt.
Er wohnt nicht nur in einigen von uns, sondern in jedem Einzelnen.
Und wenn wir unser Licht leuchten lassen,
gestatten wir damit anderen, es auch zu tun.
Wenn wir von unserer eigenen Angst befreit sind,
befreit unsere Gegenwart automatisch andere.
NELSON MANDELA

Die erleuchtete Funktion des Mittleren Selbst besteht also darin, sich hier und jetzt für die Liebe zu entscheiden – immer, immer wieder und immer wieder von neuem.

Das JETZT aber ist der Bereich der gegenwärtigen Aufmerksamkeit, so lautet die geniale Jetzt-Definition der Huna-Philosophie.

Mit Hilfe des Mittleren Selbst lenken wir also die Aufmerksamkeit auf das Jetzt. Durch eine vollendete Vision, Imagination oder Affirmation verbinden wir das Mittlere Selbst mit dem Hohen und dem Unteren. Auf diese Weise aktivieren wir Ressourcen, Fertigkeiten, Wissen und Erfahrung, nicht aber Trennungsmuster.

Benutze dein Herz. Betrachte die Welt mit den Augen des Herzens. Höre mit dem Herzen. Sprich die Sprache des Herzens. Denke mit dem Herzen. Dann werden alle deine Entscheidungen »richtig« sein.

Ins Leben tanzen

Das Leben ist ein Tanz. Das Universum ist Musik. Daher ist Tanzen eine der besten Therapien. Tanzen lockert die Muskeln und setzt blockierte Energien frei. Es bringt uns in den Fluss der Einen Bewegung, sodass wir von selbst Wahrheit, Liebe und Freude verspüren. Im ekstatischen Tanz können wir völlig außer uns geraten und Dinge tun, die wir sonst nie tun würden. Wir transzendieren unser kleines mentales Ich und treten in das Feld der universalen Ordnung ein. Dies erklärt, warum beim Tanzen Gefühle, Gedanken und Körperempfindung einfach »richtig« sind. Wir vergessen uns selbst und sind doch voll da, sogar viel intensiver als sonst. Mit anderen Tänzern bewegen wir uns synchron im Einklang, ohne dass wir uns vorher absprechen müssten.

Nichts ist besser geeignet, das Unterbewusstsein zu aktivieren, als Musik. Im Tanzen koordinieren wir nicht nur Körper, Seele und Geist, sondern auch die drei Dimensionen des Selbst. Wir aktivieren das gesamte Spektrum des Bewusst-Seins. Wir atmen uns in die Welt hinaus und atmen die Welt in uns ein. ALLES in uns pulsiert in der Lebendigkeit des Augenblicks. Wir werden leer von uns selbst und entdecken das All in uns. Die größten Glücksmomente veranlassen uns zum Tanzen oder Singen, nicht wahr? Und umgekehrt ist es genauso: Tanzen, Singen und Musik entfachen Freude in uns. Sie machen uns glücklich. Daher sollten wir die Kultur des Tanzens wieder beleben. Wir sollten den Tanz wieder zu einem festen Bestandteil unseres Lebens machen. Wir sollten das Leben feiern, spielen und lachen. Ich bin fest davon überzeugt, dass sich viele Therapien dadurch erübrigen würden.

Auch Phönix, der Feuervogel, Vorbild für die Initiation ins bewusste Leben, ist ein Tänzer – ein Traumtänzer, ein Tänzer zwischen Leben und Tod.

Was hat Phönix beim Tanz in sein Inneres entdeckt?

Im Spiegel der Leerheit entdeckte Phönix sich selbst – als die Liebe. In der Fülle der Liebe entdeckte er die Vielfalt seines Wesens. Er entdeckte die Vollkommenheit seines Herzens. Jetzt ist ihm die Welt nicht länger fremd. Nichts ist ihm mehr fremd außer der Trennung. Indem er durch den Tod die Dualität überwand, gelangte er in den Bewusstseinszustand der Ganzheit. Die Fähigkeit aber, die Dualität zu umarmen, verleiht ihm nun die Kraft der Auferstehung.

Drittes Buch

Himmel auf Erden

Teil eins Die volle Entfaltung des menschlichen Potenzials

Neugeburt in ein bewusstes Leben

Die höchste Vorstellung verwirklichen

Liebe ist der Weg, die Wahrheit und das Leben – ein Bewusstseinszustand, der das Tor in eine neue Wirklichkeit öffnet.

War es vorher schwierig, immer liebevoll zu sein, so wissen wir jetzt, warum: Wir können nur dann konsequent die Liebe leben, wenn wir die Eigenschaft der »unterscheidenden Weisheit« besitzen, das heißt, wenn wir zwischen Wahrheit und Trennungsillusion zu unterscheiden vermögen. Gehörte es früher zu unseren unumstößlichen Glaubenssätzen, wir müssten erst von anderen Menschen Liebe bekommen, bevor wir sie in uns selbst wahrnehmen können, so ist heute unsere Wahrheit das Gesetz der Liebe. Und dieses besagt, dass wir selbst Liebe sind. Indem wir Liebe geben und durch Herzensqualitäten ständig neu erzeugen, verankern wir uns im Hohen Selbst. Wir sind zu Hause angekommen.

Im Hohen Selbst erkennen wir nicht nur die kosmische Liebe, sondern auch unser individuelles Potenzial – die Vollkommenheit des Seins. Unsere Sehnsucht nach Ganzheit ist für immer gestillt. An ihre Stelle tritt nun der Wunsch, diese Ganzheit auszudrücken und unser Leben vollständig mit der Wahrheit zu durchdringen; der Wunsch, unser Potenzial zu entfalten und eine Wirklichkeit zu erschaffen, die unseren *höchsten* Vorstellungen entspricht.

Vielleicht hast du, lieber Leser, an dieser Stelle den Eindruck, ein Leben in Bewusstheit läge für dich noch in weiter Ferne; du müsstest erst Erleuchtung erlangen, um hier weitermachen zu können. Dem ist nicht so. Lass dich von der Linearität der Darstellung nicht beirren. Wie verschiedentlich schon gesagt wurde, ist es tatsächlich möglich, hier und jetzt erleuchtet zu leben, selbst wenn wir noch nicht erleuchtet sind.

Wir nehmen das Wissen vorweg, das andere bereits erschlossen haben, und benutzen die Werkzeuge der Meister. In anderen Lebensbereichen gehen wir schließlich genauso vor. Wenn wir einen Computer verwenden, machen wir uns eine Technologie zu Nutze, die von anderen Menschen entwickelt wurde. Wir müssen den Computer nicht selbst erfinden und zusammenbauen. Wir können ihn sofort benutzen. Alles, was wir brauchen, ist eine Betriebsanleitung. Am Anfang werden wir noch etwas unbeholfen sein im Umgang mit dem neuen Gerät. Je öfter wir es jedoch verwenden, desto routinierter werden wir, bis es uns in Fleisch und Blut übergegangen ist und wir Meister geworden sind.

Für die spirituelle Meisterschaft brauchen wir ebenfalls das Knowhow und die Werkzeuge. Alles, was wir über Selbstrealisation wissen müssen, wurde bereits gesagt. Es geht um das Kraftfeld von Wahrheit und Wirklichkeit und die dort herrschenden Gesetze. Dies ist das Objekt. Zum anderen geht es um uns selbst und unsere Möglichkeiten. Und da bei der Selbstrealisation Subjekt und Objekt zusammenfallen, nämlich in der Liebe, und der Weg das Ziel ist, nämlich ebenfalls die Liebe, geht es letztlich nur darum, die Liebe bewusst zu leben, sprich Trennung zu überwinden.

Dies kann nur im Hier und Jetzt geschehen. Egal an welcher Stelle des Weges du dich befindest, egal ob erleuchtet oder unerleuchtet, du beginnst exakt hier: bei der Neugeburt in ein bewusstes Leben. Das einzige Werkzeug, das du hierfür wirklich benötigst, ist die Aufmerksamkeit.

Worauf wir die Aufmerksamkeit richten, das manifestiert sich, hatten wir gesagt. Worauf richten wir sie also? Wir richten sie auf unsere höchste Vorstellung und gleichzeitig auf die Liebe.

»Der Drang, das Edelste und Wunderbarste zu tun und zu sein, dessen wir fähig sind, ist die schöpferische Kraft in uns, die jeder großen Leistung zugrunde liegt«, hatte Paramahansa Yogananda so treffend gesagt. Dabei wählen wir aus dem gesamten Spektrum der Möglichkeiten die *beste*: diejenige, die am *ehesten* der Wahrheit entspricht; diejenige, die am *meisten* Freude macht und der *höchsten* Form von Liebe gleichkommt, nämlich der bedingungslosen Liebe. Durch die Verwirklichung der höchsten Vorstellung werden wir zum schönsten Ausdruck unserer selbst. Wir erschaffen den Himmel auf Erden.

Aufmerksamkeit – Das Meisterwerkzeug

In *Amo ergo sum* unterscheiden wir zwei Formen der Aufmerksamkeit: Achtsamkeit und Konzentration.

Achtsamkeit erschließt die Energie des Augenblicks und bindet uns an das Hohe Selbst an. Durch Konzentration fokussieren wir die empfangene Energie auf ein Ziel – unsere höchste Vorstellung. Dabei aktivieren wir das Untere Selbst.

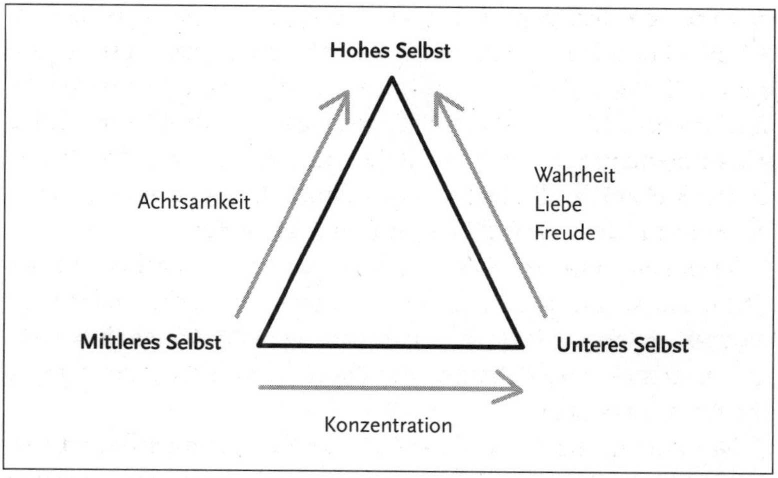

Achtsamkeit

Was richtig oder falsch, gut oder schlecht, nützlich oder förderlich, trennend oder verbindend ist, lässt sich meist nur aus dem Augenblick heraus entscheiden. Weder das Vergangene kann uns hierüber Aufschluss geben noch das Zukünftige. Wirklich und wahrhaftig ist nur das Hier und Jetzt. Was eben gerade geschieht, ist einzigartig. Die tiefe, intensive Erfahrung dessen, was tatsächlich ist, und nicht dessen, was wir uns einbilden, bildet die Basis dafür, dass wir die Wahrheit erkennen und bewusst schöpferisch tätig werden können. Diese Erfahrung wird ermöglicht durch die Qualität der Achtsamkeit.

Achtsamkeit setzt das Einverstanden-Sein mit dem Moment voraus. Folglich sind Akzeptanz, Annehmen und Lassen ihre Begleiterscheinungen – Sein-Lassen, Geschehen-Lassen, Zulassen oder Loslassen, wie immer wir es nennen wollen.

Akzeptieren oder annehmen ist jedoch nicht das Gleiche wie »positiv bewerten«. Annehmen bedeutet: erst einmal *gar nicht* bewerten, sondern es genauso, wie es ist, für den Augenblick als existent anerkennen. Da es so einfach ist, empfinden es die meisten Menschen als unendlich schwer.

Auch wenn wir von »loslassen« sprechen, meinen wir im Grunde: den Augenblick annehmen. Wir lassen die Vergangenheit los, nicht nur weil sie vorbei ist, sondern auch um das Hier und Jetzt achtsam wahrnehmen zu können. Ebenso gut können wir von »zulassen« oder »da sein lassen« dessen sprechen, was eben gerade geschieht. All diese Begriffe wollen das Einverstandensein mit dem Augenblick zum Ausdruck bringen. »Wenn unnütze Sachen den Geist nicht vernebeln, ist dies des Menschen glücklichste Jahreszeit«, heißt es in den Zen-Schriften.

Achtsamkeit ist reine Gegenwärtigkeit. Sie geschieht ohne Absicht und ohne Willensanstrengung. Die Zerstreuung des Bewusstseins wird abgestellt, Gefühle verlieren ihre Macht über uns. Wir finden Gelassenheit und tiefen Frieden. Die Intensität der Wahrnehmung wird gesteigert und verwandelt sich in eine Wahrnehmung der Ordnung, die in allem verborgen liegt.

In ihrer vollendeten Form ist Achtsamkeit bereits tiefe Meditation, das Eins-Werden mit dem Augenblick. ES denkt mich. ES tut durch mich. ES atmet mich. Ich bin eins mit dem Betrachteten. Ich bin mit dem Hohen Selbst verbunden, durch das die Informationsimpulse des Kraftfelds einströmen. In Momenten der Achtsamkeit durchschaut man die Tatsache, dass man niemals von seinem Hohen Selbst und der Ganzheit getrennt war, dass tatsächlich alles in Ordnung ist.

»Der Augenblick ist der Repräsentant der Ewigkeit«, sagte Goethe. Für ihn war die Gegenwart die einzige Göttin, die er anbetete. Nur in der Gegenwart, davon war er überzeugt, ließe sich das Beständige wie das Vergängliche fühlen.

Wir aber würdigen die Gegenwart viel zu wenig! Meist wollen wir sie sogar möglichst rasch hinter uns bringen, um endlich in die Zukunft zu gelangen. Oder wir deformieren sie, indem wir endlos über Vergangenes nachsinnen. Es ist nicht übertrieben, wenn ich sage: Unser ganzes Sinnen und Trachten ist darauf angelegt, die Gegenwart so schnell wie möglich zu verlassen. Wenn wir wüssten, welche Chancen wir mit einer solchen Einstellung verpassen!

Reines Gewahrsein

Wir können die Fähigkeit der Achtsamkeit auf verschiedene Arten schulen. Allen gemeinsam ist: die Aufmerksamkeit völlig gelassen auf das richten, was jetzt gerade ist und was wir jetzt gerade sind, das heißt denken, fühlen, wahrnehmen, tun und wollen. Wie schon gesagt, ist diese Praxis einfach, ja, man kann sich gar nichts Einfacheres vorstellen. Sie ist nichts weiter als reines Gewahrsein. Wenn ich eine Tasse Tee trinke und mir dabei bewusst bin, dass ich eine Tasse Tee trinke, ist das achtsames Teetrinken. Im Zen fand die Praxis der Achtsamkeit ihre höchste und kultivierteste Ausprägung. Die konsequente Umsetzung im Alltag erweist sich allerdings schon als etwas schwieriger, denn die Kontrollmechanismen des *mind,* der alles andere als absichtslos ist, dürfen nicht unterschätzt werden. Tatsächlich ist ständiges reines Gewahrsein die höchste Form der Achtsamkeit, ein Zeichen tiefer Erleuchtung.

Die Selbstwahrnehmung trainieren

Durch Achtsamkeit trainieren wir auch unsere Selbstwahrnehmung. Dabei achten wir auf unsere Intuitionen und auf die Energien des Augenblicks – das heißt auf alles, was mit den üblichen fünf Sinnen nicht wahrnehmbar ist, aber dennoch vorhanden sein *muss*, weil es eine *Auswirkung* hat. Gefühle und Gedanken anderer Menschen können sich zum Beispiel auf uns übertragen. Wir nehmen Stimmungen wahr, erspüren die Atmosphäre von Räumen und Situationen. Überall dort, wo sich Dinge abspielen, die sich sinnlich nicht verifizieren oder objektivieren lassen, können wir von »Energien« sprechen.

Wenn wir unsere Wahrnehmung schulen wollen, müssen wir sie zuallererst einmal ernst nehmen. Wir müssen uns zugestehen, dass wir tatsächlich etwas wahrnehmen, selbst wenn andere gar nichts merken oder unserer Empfindung nicht zustimmen.

Das eigentliche Training besteht darin, sich immer wieder Fragen zu stellen und dadurch die Aufmerksamkeit auf das eigene *Be*finden und *Emp*finden zu lenken. Wie fühle ich mich in diesem Moment? Was spricht mein Körper? Sind meine Gedanken positiv, weiterführend, lösend, verbindend? Bietet mir diese Situation Raum für Inspiration und Intuition? Erzeugt sie Weite oder Enge? Fühle ich mich gerade frei, angenommen und wertgeschätzt, geschützt, geborgen, zu Hause? Oder fühle ich mich angespannt, blockiert, beurteilt, kritisiert oder bevormundet? Ist mein Ausdruck behindert? Stehe ich unter Leistungsdruck?

Echte Aufmerksamkeit erwächst aus Selbstliebe. Wenn ich mich ernst nehme, auf meine innere Stimme höre, das Hohe Selbst zu meiner einzigen Autorität erkläre und Vertrauen in mich selbst entwickle, dann wird Achtsamkeit von alleine entstehen.

Würdigende Achtsamkeit

Unter würdigender Achtsamkeit verstehen wir zum einen die bedingungslose Akzeptanz für unsere eigene augenblickliche Wahrheit, zum anderen den respektvollen Umgang mit der Wahrheit unserer Mitmenschen. Sie bildet die Voraussetzung dafür, dass wir Ganzheit bewahren beziehungsweise sie jederzeit wiederherstellen können.

Drängen Ängste, Sorgen und Traumata, Wut, Groll und Hass, Mangel- und Schuldgefühle an die Oberfläche des Bewusstseins, dann tun sie dies, um geheilt zu werden – aus keinem anderen Grund. Daher bieten sie die beste Gelegenheit, würdigende Achtsamkeit zu üben.

Zunächst schenken wir diesen Gefühlen unvoreingenommene Aufmerksamkeit. Wir lassen sie da sein, indem wir uns sagen: »Ich habe dieses Gefühl beziehungsweise diese Situation selbst kreiert und übernehme die Verantwortung dafür.« Gleichzeitig achten wir darauf, uns nicht damit zu identifizieren »Ich bin *nicht* dieses Gefühl. Ich bin *mehr* als dieses Gefühl. Ich habe es in der Hand, Trennung jetzt in Liebe zu verwandeln.«

Wegrennen würde bedeuten, sich um die Chance der Heilung zu betrügen. Den Tatsachen ins Auge schauen und standhalten zu können, bildet die Voraussetzung dafür, etwas zu verändern, das dem Leben nicht länger dient. Nur auf diese Weise kann ich mich mit meinen Schattenseiten versöhnen und mir selbst vergeben.

Jeder Zustand, jede Eigenschaft und jedes Wesensmerkmal hat ein bestimmtes Potenzial. Im blockierten Zustand erweist sich dieses Potenzial als negativ. Löst sich die Blockade aber auf, wird stets eine Herzensqualität sichtbar. Die Lösung der Blockierung ist die Lösung.[17] Dasselbe trifft auf negative Gedankenmuster zu. Wir können solche Muster nicht löschen, weil unser Unterbewusstsein nichts vergisst. Aber wir können sie in konstruktive Gedanken transformieren, sobald sie aufgetaucht sind. Werden wir uns ihrer bewusst, haben sie schon einen Teil ihres zwanghaften Charakters verloren.

Auch wenn andere Menschen uns Unrecht tun, üben wir würdigende Achtsamkeit. In solchen Fällen betrachten wir zunächst die eigene Verletzung, akzeptieren und würdigen sie. So laufen wir nicht Gefahr, sie als Schwäche zu brandmarken. Nur die Wertschätzung der Gefühle ermöglicht es uns, den ersten Schritt zu tun und das bewusst mitzuteilen, was uns bedrückt: »Ich leide, und ich möchte, dass du es weißt.« Als Zweites sollten wir zum Ausdruck bringen, dass wir nach Kräften versuchen, nichts im Zorn zu sagen, weil wir wissen: Wir würden damit nur noch mehr Schmerz erzeugen. »Ich tue mein Bestes«, lautet diese Botschaft. Und als Drittes gilt es auszudrücken: »Ich brauche deine Hilfe.« Ein solches Verhalten reflektiert Achtsamkeit. Achtsamkeit sich selbst gegenüber und gleichzeitig Achtsamkeit dem Partner gegenüber. Es ist ein Ausdruck wahrer Liebe.

Jeder Mensch lebt in seinem eigenen Traum. Jeder Mensch hat ein eigenes unverwechselbares Schicksal. Würdigende Achtsamkeit ist Mitgefühl, ein verständnisvolles Sich-Einfühlen in die Situation anderer. Diese Art der Achtsamkeit kann sich nur auf der Basis echten Selbstvertrauens entwickeln. Wenn wir ehrlich und achtsam mit uns selbst sind, wenn wir unsere Trennungsmuster erkennen und anfangen, diese in Liebe zu verwandeln, dann beginnen wir, Mitgefühl für andere – Nächstenliebe – zu entwickeln. Nicht umgekehrt.

Übung zur würdigenden Achtsamkeit

Diese Übung kann überall ausgeführt werden, wo man Menschen ungestört betrachten kann – im Park, im Zug, beim Einkaufen, im Straßencafé.

ÜBUNG Richte deine Aufmerksamkeit auf eine bestimmte Person, ohne dass diese es merkt. Nimm diesen Menschen achtsam wahr, gib deinem *mind* dabei aber keine Gelegenheit für eine Bewertung. Formuliere innerlich die folgenden Sätze und achte auf die Wirkung dieser Worte:

Genau wie ich strebt dieser Mensch nach Glück in seinem Leben.
Genau wie ich versucht dieser Mensch, in seinem Leben Leid zu vermeiden.

ÜBUNG

Genau wie ich hat auch dieser Mensch eine tiefe Sehnsucht nach Vollkommenheit.
Genau wie ich hat dieser Mensch schon Angst, Trauer, Eifersucht und Aggression erlebt und sich ungeliebt gefühlt.
Genau wie ich möchte dieser Mensch Liebe geben und empfangen.
Genau wie ich lernt dieser Mensch über das Leben.
Genau wie ich ist dieser Mensch in seinem innersten Wesenskern Wahrheit, Liebe und Freude – nur das und nichts als das.
Das Göttliche in mir grüßt das Göttliche in dir.

Sensorische und spezielle Achtsamkeit

Sensorische Achtsamkeit ist die Schulung der Sinneswahrnehmung. Wie alle anderen Formen der Aufmerksamkeit kann auch sie ohne zusätzlichen Zeitaufwand in unseren Alltag eingebaut und überall angewandt werden. Sensorische Achtsamkeit meint, dass wir bewusst unsere Sinne zum Einsatz bringen. Aus dem Hören wird dann ein Horchen, ein Lauschen. Bloßes Riechen wird zu einem Ritual. Wir schmecken nicht länger, sondern kosten. Wir schauen nicht, sondern versinken in Betrachtung. Wir sind Zeuge unserer Wahrnehmung. Mit dem Wahrgenommenen aber sind wir eins. Dabei verfeinern sich unsere Sinne, und wir entwickeln zunehmende Sensitivität für die Ausstrahlung von Landschaften, Räumen, Menschen, Tieren, Pflanzen und Gegenständen.

Sensorische Achtsamkeit wird zur »speziellen« Achtsamkeit, wenn wir das absichtslose Gewahrsein auf eine ganz bestimmte Sache lenken, zum Beispiel auf einen Baum, einen Stein, ein Blatt, eine Flamme; oder auf die Elemente, Erde, Wasser, Luft und Feuer. Gelingt es uns, ganz eins zu werden mit dem Gegenstand der Betrachtung, dann enthüllt uns dieser seine tiefsten Geheimnisse und seine Heilkraft. Wir erfahren sein Wesen, sein Potenzial. Auf eben diese Weise fand der englische Arzt Edward Bach seine 36 Bachblüten, entdeckten indische *Rishis* die Rezepturen von Arzneien, verbanden sich tibetische Mönche mit den Kräften der Elemente. Wir bezeichnen solche Entdeckungen als paranormal. Gewiss sind sie nicht alltäglich, aber sie sind nachvollziehbar. Es sind die logischen Auswirkungen der Achtsamkeit.

Die große Achtsamkeitsmeditation

Diese geführte Meditation kann alleine oder in der Gruppe durchgeführt werden, in einem Raum oder noch besser im Freien. In der »großen« Meditation sind die folgenden »kleineren« integriert, die immer und überall Anwendung finden können.

1 In die Achtsamkeit einschwingen
2 Zeuge des Augenblicks sein
3 Sensorische Achtsamkeit
4 Spezielle Achtsamkeit
5 Würdigende Achtsamkeit
6 Reines Gewahrsein

Übe Achtsamkeit, wann immer es dir möglich ist. Gerade in einem hektischen Alltag, der hohe Anforderungen an unsere geistige Präsenz stellt, sorgt Achtsamkeit dafür, dass wir entspannt und gelassen bleiben, stets mit neuer Energie versorgt werden und fortwährend Inspiration aus dem Hohen Selbst erhalten.

ÜBUNG 1 Wir schließen die Augen und richten die Aufmerksamkeit auf den Atem – auf das Ein und Aus des Atems. Wir beobachten, wie er durch die Nase einströmt, unseren gesamten Körper durchströmt und nährt und schließlich wieder nach außen entströmt – und wie wir mit dem Atem unsere Energie, ein Stück von uns selbst in die Welt verströmen.

Wir atmen Ruhe und Frieden ein – spüren, wie sich Ruhe und Frieden im Körper verteilen. Dann atmen wir Ruhe und

Frieden aus, sodass wir den ganzen Raum mit diesen Qualitäten erfüllen.

ÜBUNG

Die Muskeln entspannen sich, die Nerven lassen los, der Geist wird frei. Die Gedanken entspannen sich, entwirren sich, Knoten lösen sich auf. Wir spüren zunehmend, wie wir in den Fluss des Augenblicks gelangen. Die Energie der Aufmerksamkeit fließt frei und unbeschwert: Sie nimmt wahr, was ist; sie spürt, schmeckt, hört und riecht den Augenblick. Die Sinne sind weit offen – und wir sind ganz im Hier und Jetzt.

2 Mit den nächsten Atemzügen öffnest du die Augen und lässt den Blick in die Umgebung schweifen – absichtslos, ohne Willensanstrengung. Mit Hilfe des Einatmens und des Ausatmens nimmst du Kontakt auf mit dem, was dich umgibt. Deine Augen sind geöffnet, und deshalb bist auch du offen für alles, was um dich herum vorgeht: für die Stimmung, die Bewegung, die Menschen, die Gegenstände. Du nimmst wahr, ohne etwas einordnen oder zuordnen zu wollen, ohne zu bewerten oder zu beurteilen. Du bist ganz hier, in diesem Augenblick – ohne Vorlieben und Abneigungen. Sollten Tendenzen zur Bewertung in dir auftauchen, beobachtest du einfach, dass es so ist. Du bist Zeuge deiner Wahrnehmung. Wollen deine Gedanken sich mit einer bestimmten Sache »beschäftigen«, so geh mit deiner Aufmerksamkeit zum Atem zurück. Du bezeugst den Augenblick und erlebst die Lebendigkeit des Seins. Alles ist in Bewegung. Alles ist im Wandel. Alles ist in einer ständigen Veränderung begriffen. Was gestern war, ist nicht mehr. Vorbei ist vorbei. Und was morgen sein wird, kannst du noch nicht wissen. Es gibt nur diesen Augenblick. Dein Bewusstsein bezeugt, was hier und jetzt gerade *ist*. Du bist reine Gegenwärtigkeit, reine Aufmerksamkeit. Du bist vollkommen bei dir, hellwach und offen.

3 Mit jedem Atemzug wächst du mehr in dieses vollkommene Bei-dir-Sein hinein: »Ich bin vollkommen bei mir. Ich

bin vollkommen entspannt und zugleich vollkommen wach.

ÜBUNG Ich bin ganz im Hier und Jetzt. Ich nehme die Farben in meiner Umgebung bewusst wahr: die Rot-, Orange-, Gelb-, Grün-, Blau- und Violett-Töne – das Weiß und das Schwarz. Ich achte auf die geraden und gekrümmten Linien in meinem Blickfeld, auf die Formen von Gegenständen und den Raum zwischen ihnen. Ich lausche den Klängen. Aus allen Richtungen sind sie zu hören. Ich spüre meine Hände und Füße, meinen Körper, Gesicht und Haare. Ich fühle die Bewegung meines Atems, die Energie in mir und um mich herum. Ich schmecke ... ich rieche ... ich nehme mich selbst wahr. Ich bin ganz ich. Ich bin, wer ich bin. Einfach Das. Atemzug für Atemzug gebe ich mich mehr hin an den Augenblick. Ich atme ein, was da ist; ich atme aus, was da ist. Ich bin eins mit dem Augenblick. Ich bin Zeuge meiner Wahr-Nehmung. Mit dem Wahr-Genommenen aber bin ich eins. Ich bin das ES IST.«

4 Du atmest – ein und aus. Vielleicht wird dein Blick von etwas angezogen, das aus der Umgebung hervorsticht. Lass deinen Blick dort ruhen, lass dich ganz auf die Betrachtung dessen ein, was dich in seinen Bann zieht. Denke dabei nicht, überlege nicht, versuche dir nichts zu erklären. Du bist völlig entspannt, ohne Willensanstrengung, ohne Absicht – offen für das, was ist, offen für das, was sich dir zeigen möchte. Dein Blick folgt Linien, Farben, Mustern und Formen, deine Sinne sind hellwach – es ist dir, als könntest du den Gegenstand der Betrachtung hören, schmecken und riechen. Spüre dich in ihn hinein, atme dich in ihn hinein. Benutze all deine Sinne. Bleibe dabei aber völlig bedingungslos, frei von Wollen und Kontrolle, sodass der Gegenstand dir seine Botschaften und seine Beschaffenheit enthüllen kann. Du bist eins mit dem Betrachteten, verschmolzen mit ihm – und gleichzeitig bist du Zeuge dessen, was da vor sich geht.

Achte nun auf die Gedanken und Gefühle, die gerade in deinem Bewusstsein auftauchen. Vielleicht sind es Erkenntnis-

ÜBUNG

blitze, vielleicht wohlige, heilende Empfindungen; vielleicht sind es Inspirationen, neue Ideen oder Botschaften. Sei vollkommen achtsam, während du diese Ideen einfach da sein lässt ...

5 Das Jetzt ist der Bereich der gegenwärtigen Aufmerksamkeit. Demgemäß kann das Jetzt diese Sekunde sein, diese Minute, dieser Tag oder Monat, dieses Jahr.
Vielleicht gibt es in diesem Jetzt etwas, das sich noch nicht vollkommen in dein Leben oder deine Vision eingefügt hat – etwas, das noch nicht ganz stimmig ist – oder einer Klärung bedarf. Du magst es Problem nennen oder sprichst von einem Fehler, einer Schwäche. Vielleicht fehlt wirklich etwas – Heilung, Energie, Bewusstheit, Angenommensein ...
Lass dieses Problem, diese Schwäche oder diesen Fehler in deinem Bewusstsein auftauchen. Gib ihm Raum, sodass es sich ganz zeigen kann. Bleib dabei frei von Bewertung und Beurteilung. Lass keine Gedanken sich einmischen. Höre, rieche und schmecke die Sache, ertaste ihre spezielle Energie. Bleibe völlig neutral. Es ist, wie es ist. Einfach Das. Einfach so.
Umarme nun dieses Problem oder diesen Fehler mittels deiner Vorstellung. Nimm über den Atem Kontakt mit ihm auf. Atme ein und aus und verbinde dich mit ihm. Atme tief ein und umfange es. Atme aus und ziehe es in dein Herz hinein. Mit jedem Atemzug rückt es ein Stück weiter in Richtung deines Herzens vor. Atme ein und umfange es, atme aus und ziehe es in dein Herz hinein. Atme ein und umfange es, atme aus und ziehe es in dein Herz hinein – so lange, bis es restlos von deinem Herzen aufgenommen ist. Nimm dir Zeit, um dich ganz mit ihm zu verbinden. Bleibe dabei in bedingungsloser Liebe. Sei ganz wachsam, höre, was dir dein Herz mitzuteilen hat ...
Wahrscheinlich hast du schon wahrgenommen, wie die Qualität des Problems sich verändert, wie der Schmerz nachlässt und sich die Energie verwandelt. Alles, was noch

ÜBUNG

nicht Liebe ist, kann jetzt durch deine Liebe transformiert werden. Liebe heilt alle Wunden, alle Verletzungen. Liebe verwandelt Schwächen in Stärken und Fehler in Herzensqualitäten.
Werde nun Zeuge davon, wie eine neue Herzensqualität entsteht. Atme diese Qualität aus, sodass die Welt daran teilhaben kann. Halte sie nicht fest, verströme diese Energie, verschenke dich in deiner Liebe.
Ganz bewusst. Du bist hier und jetzt vollkommen bewusst und weißt:

6 Ich bin ganz bei mir. Ich atme Liebe ein und atme Liebe aus. Mein Herz ist weit geöffnet, ich bin frei und grenzenlos. Ich schwinge mit der Einen Bewegung im Rhythmus des Alls. Ich bin Teil des Ganzen. Alles, was ich tue, hat eine Auswirkung auf das Ganze. Daher bin ich achtsam.
Wenn sich im Ganzen etwas ändert, so bin *ich* Teil dieser Veränderung. Daher bin ich achtsam.
Was ich hineingebe in dieses Ganze, wird auf alle und alles eine Auswirkung haben. Daher bin ich achtsam.
Ich bin achtsam gegenüber allem, was ich durch meine Sinne in mich aufnehme: was ich höre, sehe, lese und betrachte; was ich esse und trinke. Nährendes lasse ich ein, was mir nicht gut tut, weise ich ab.
Ich habe die Freiheit, negative Gedanken, Gefühle und Angewohnheiten jederzeit durch positive zu ersetzen. Daher bin ich achtsam.
Ich weiß, dass sich hinter jedem Fehler eine Herzensqualität versteckt, hinter jedem Feind ein Freund, hinter jedem Schmerz die Freude. Indem ich das, was ich sonst ablehne, liebevoll umarme, befreie ich gebundene Energien. Daher bin ich achtsam. Immer und überall.
Wenn ich atme, atme ich bewusst ein und aus. Wenn ich esse, esse ich bewusst. Wenn ich gehe, setze ich bewusst einen Schritt vor den anderen. Wenn ich handle, sind auch meine Gedanken bei der Tätigkeit. Wenn ich arbeite, bin ich

voll dabei. Wenn ich spiele, gehe ich ganz im Spielen auf.
ÜBUNG Wenn ich mit einem Menschen bin, höre ich ihm zu und widme ihm meine volle Aufmerksamkeit.
Achtsamkeit ist reine Gegenwärtigkeit, frei von Anstrengung.
In der Schönheit des urteilsfreien Raums offenbart sich die Wahrheit des Hier und Jetzt. Es ist, wie es ist.

Konzentration

Im Prozess der Selbstverwirklichung ist Aufmerksamkeit unser wichtigstes Werkzeug, das Werkzeug der Meisterschaft. Es sollte uns immer und überall begleiten, und wir sollten es einsetzen, wo wir nur können. Aufmerksames Gewahrsein bedeutet, dass wir auf jedes Geschehen in der Welt – unserer eigenen Welt – unmittelbar reagieren können. Bleiben wir unbewusst, sind wir nicht nur Spielball der äußeren Umstände. Viel schlimmer ist, dass nichts geschehen wird. Unser Leben wird sich nicht wachsend entfalten, sondern stehen bleiben, stagnieren. Aufmerksamkeit dagegen bedingt eine ständige Erweiterung des Bewusstseins. Die Kapazität des Gewahrseins und die Fähigkeiten, achtsam und konzentriert zu sein, nehmen stetig zu.

Jemand, der den Weg der Selbstrealisation geht und das gesamte Spektrum des Bewusstseins, die gesamte Fülle der Existenz erschließen möchte, braucht beides: generelle Achtsamkeit und spezifische Konzentration. In der Achtsamkeit öffnet er sich absichtslos. Er nimmt eine Perspektive der Weite und eine Haltung des Geschehen-Lassens ein. Dabei wird er zu einem Gefäß, in das Inspiration und Lebensenergie einströmen.

Bei der *praktischen Realisierung* der höchsten Visionen spielt dagegen die Fähigkeit der Konzentration eine tragende Rolle. Wenn wir uns durch Achtsamkeit an das Hohe Selbst angeschlossen haben und mit Energie erfüllt sind, dann bündeln wir die empfangene Energie mit Hilfe der Konzentration und fokussieren sie laserscharf auf unser Ziel. Hierbei rekrutieren wir alle Ressourcen und Möglichkeiten, die uns den Plan zu verwirklichen helfen, und schalten alle Faktoren aus, die uns bei der Umsetzung behindern könnten. Wir schieben auch das ewig raunende »Wenn und Aber«, »Ich kann nicht« oder »Jetzt noch nicht« zur Seite. Affirmationen und positive Imaginationsübungen sind in dieser Phase äußerst hilfreich. All das gehört zur Konzentration. Schließlich setzen wir den Plan Schritt für Schritt in die Tat um, indem wir handeln. Auf diese Weise integrieren wir das Hohe, Mittlere und Untere Selbst und stellen einen vollkommenen Energiekreislauf her.

Das ideale Verhältnis von Achtsamkeit und Konzentration beträgt 2 : 1. Denn in der Achtsamkeit fallen uns von alleine Informationen oder Dinge zu, die wir nur umzusetzen brauchen. Dieses ausgewogene Verhältnis schenkt uns Gelassenheit und inneren Frieden. Wir verwirklichen unsere Ziele ohne Anstrengung.

Die folgenden Fragen werden dir behilflich sein, Konzentration gezielt einsetzen zu lernen. Antworte möglichst mit einem einzigen Satz. Formuliere die Antwort in der Ich-Form und im Präsens. Achte auf eine durch und durch positive Ausdrucksweise.

Das Ziel formulieren

Ein für dich richtiges Ziel wählst du mit Hilfe deiner Vernunft,
die freizügig mit deiner Intuition gewürzt sein sollte.
Es ist vernünftig, wenn du deutlich spürst,
dass du es erreichen kannst, und es ist intuitiv,
wenn es sich richtig anfühlt.

Harry Palmer

1 Was ist meine übergeordnete Lebensvision?

2 Was sind meine drei hauptsächlichen Wünsche?

3 Welches ist mein gegenwärtiges Ziel?

4 Steht dieses Ziel in Einklang mit meiner höchsten Lebensvision?

5 Wenn nicht, wo liegen die Widersprüche oder Hindernisse?

6 Was kann ich tun, um diese Widersprüche oder Hindernisse aufzulösen?

Ressourcen mobilisieren

1 Worin liegen meine größten Stärken?

2 Welche anderen Ressourcen habe ich?

3 Welche Dinge sind für mich von größter Wichtigkeit?

4 Auf welche Ressourcen im Außen kann ich zurückgreifen? (Beziehungen, Geld, Möglichkeiten)

5 Welche Fähigkeiten muss ich noch entwickeln, um diese Vision zu verwirklichen?

6 Mit wem möchte ich dieses Ziel erreichen?

7 Wann und wo möchte ich mein Ziel erreichen?

8 Traue ich mir zu, dabei meiner höchsten Vorstellung zu folgen?

9 Wenn nicht, was hält mich davon ab?

10 Gönne ich mir die Freude an all diesen Schritten?

11 Wenn nicht, warum nicht?

12 Wie kann ich die etwaigen Widerstände auflösen?

Den Plan anfertigen

Berücksichtige das Prinzip der Prioritäten: »Das Wichtigste zuerst«, und das Prinzip: »Vom Notwendigen das Beste.«

1 Welche Schritte führen mich zu meinem Ziel?

2 Woran werde ich merken, dass ich das Ziel erreicht habe?

Das Ziel visualisieren

ÜBUNG Was wirst du sehen, hören, fühlen, wenn du dein Ziel erreicht haben wirst?
Imaginiere diese Situation mit allen Sinnen und so emotional und intensiv wie möglich.

Imagination und Affirmation

Im Verlauf des Arbeitsbuches haben wir die Imaginationsarbeit schon häufig eingesetzt: zunächst bei der Phantasiereise durch die Evolution des Bewusstseins und später bei den geführten Meditationen.

Imagination ist eines der wichtigsten Werkzeuge des Mittleren Selbst zur Beeinflussung des Unterbewusstseins. Sie kann auch eine Form der Konzentration sein – wenn sie den Zweck verfolgt, durch Gedanken, Vorstellungen, Bilder, Symbole und unter Einsatz der Gefühle Energie zu Form zu bündeln. Dadurch wird unseren Visionen zusätzliche Kraft zugeführt. Gleichzeitig werden die für ihre Verwirklichung benötigten Talente und Eigenschaften geweckt.

In diesem Zusammenhang erfüllen Imaginationen dieselbe Aufgabe wie Affirmationen, die – wie schon der Name sagt – vor allem zur *Bestärkung* positiver Gedanken, Vorsätze und Eigenschaften dienen.

Das Wiederholen ausgesuchter, liebevoller Worte und Bilder erhöht die Schwingung von Gedanken und Lebensenergie – eine Tatsache, die neuerdings sogar messbar ist.

Konzentration will durch Imagination und Affirmation trainiert werden, am besten täglich, bis sie uns gehorcht.

Die typischen Merkmale von Imaginationen und Affirmationen

1 ***Sie sind persönlich, denn man kann nur für sich selbst sprechen. Daher werden sie in der Ich-Form verfasst.***

2 ***Sie sind positiv.***

3 ***Sie werden im Präsens formuliert und nehmen das Ziel vorweg.***

4 ***Sie beziehen alle Sinne mit ein, vor allem den visuellen.***

5 ***Sie sind emotional.***

6 ***Sie sind am wirkungsvollsten im Zustand der Entspannung.***

7 ***Sie wollen immer wieder bestätigt werden, regelmäßig, so lange, bis wir sie integriert haben.***

Das magische Dreieck – Manifestation eines Ziels

Das magische Dreieck haben wir schon als äußerst effektive Reinigungsübung kennen gelernt. Wir können diese Visualisierungsübung aber auch verwenden, wenn wir ein Ziel mit besonderer Manifestationskraft aufladen wollen.

Der einzige Unterschied besteht darin, dass wir bei dieser Variante nichts loslassen, sondern eine Absicht bestärken. Dabei rufen wir im Unteren und Mittleren Selbst die Fähigkeiten wach, die uns zur Verwirklichung des Zieles führen können.

Es ist unbedingt darauf zu achten, dass das angestrebte Ziel unserer höchsten Vorstellung entspricht. Dennoch muss diese realistisch bleiben und darf sich nicht jenseits des Machbaren befinden. Je konkreter die Absicht ist, desto schneller wird sie sich verwirklichen.

Es empfiehlt sich, diese Übung täglich durchzuführen, bis die neuen Gewohnheiten etabliert sind. Wichtig ist, dass wir die Ideen und Anregungen, die wir während der Übung erhalten, sofort und ohne Zögern in die Tat umsetzen.

ÜBUNG Wir visualisieren das magische Dreieck gegenüber von uns, als würden wir von Angesicht zu Angesicht darauf schauen. An der Spitze befindet sich das Hohe Selbst, an der Basis rechts das Mittlere Selbst und links das Untere Selbst. Das Dreieck steht also spiegelverkehrt vor uns.

Mit Hilfe unseres ätherischen Fingers schreiben wir nun unsere Absicht auf die Spitze des Dreiecks. Zum Beispiel: Ich aktiviere jetzt all meine Fähigkeiten, um schlank zu werden. Sobald das Untere Selbst Feuer gefangen hat, schreiben wir seine Reaktionen auf der linken Seite des Dreiecks nieder:

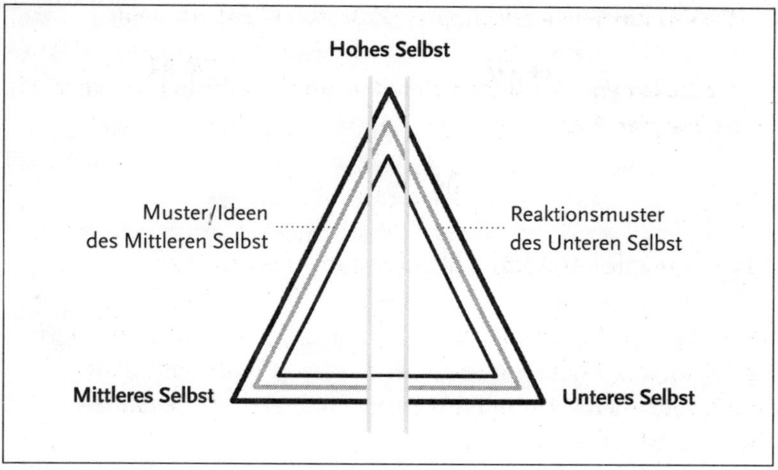

ÜBUNG

Freude an der Vorstellung / fühlt sich gut an / so möchte ich aussehen / berauschendes Gefühl / bitte nicht lange mit der Umsetzung warten / ich bin voll dabei.

Wenn keine neuen Argumente mehr kommen, springen wir ins Mittlere Selbst und notieren mit dem ätherischen Finger die Schritte: alle Schritte, von denen wir wissen, dass sie zum Ziel führen, und von denen wir uns gleichzeitig überzeugt zeigen, dass es die effektivsten sind. Das heißt: Sollten uns dabei fünf Diätmethoden einfallen, wählen wir die beste für uns aus und nicht etwa die billigste – vorausgesetzt natürlich, wir können sie uns wirklich leisten. Das Mittlere selbst könnte in etwa antworten: Disziplin / neuer Tagesplan / früher aufstehen / Ernährungsumstellung / Bewegung / Massage ...

Ist die Liste vollständig und zufrieden stellend, wird das Dreieck mit den Neonfarben Grün und Blau aktiviert. Nun bezieht unser verkleinertes Ebenbild in der Mitte Stellung, und zwar so, dass es uns ansieht.

Alsdann visualisieren wir eine goldene Röhre, die von oben durch die Spitze des Dreiecks nach unten durch die Basis führt und ein Stück über diese hinausragt. Unser kleines Selbstbild befindet sich also in der Mitte der Röhre. Die

ÜBUNG

Röhre ist diesmal jedoch nicht mit einer Sogvorrichtung, sondern mit einem Gebläse ausgestattet. Wir stellen uns vor, dass kosmische Energie von oben nach unten durch die Röhre fließt und unser Vorhaben mit kosmischer Energie versorgt. Wir laden uns so lange mit dieser Kraft auf, bis wir vollständig damit ausgefüllt sind und wir ein bedingungsloses »Ja, ich schaffe es« aussprechen können.
In diesem Augenblick sollte sich unser Spiegelbild in das erstrebte Ideal verwandeln. Sobald dies stattgefunden hat, fließt die Spirale aus violett gleißendem Licht in das Dreieck und lädt unser neues, schönes, schlankes, vollkommenes Selbstbild mit der höchsten Energiequalität auf, bis dieses aus allen Poren zu strahlen beginnt. In diesem Zustand verlassen wir das Dreieck und lassen es im Licht der violetten Spirale verschwinden.

Handeln

Handeln ist eine Kunst. Die Kunst, unser Selbst mit all seinen Facetten zum Wohle des Ganzen einzubringen. Bewusstes Handeln ist Handeln in Wahrheit, Liebe und Freude. Seine Resultate sind für alle gut. In seiner höchsten Form führt es in einen Zustand, der in der Literatur als »produktive Seligkeit« oder »schöpferische Ekstase« bezeichnet wird.

DIE KUNST DES HANDELNS

Chancen und Hindernisse erkennen.
Die Lage erfassen, wie sie wirklich ist.
Alles wissen, was wir wissen können.
Möglichst viel von dem erahnen, was wir nicht wissen können.
Die Kräfte richtig einteilen.
Die Erfordernisse sorgfältig vorbereiten.
Die Folgen richtig einschätzen.

Bevor du handelst, verankere dich im Hohen Selbst und lasse aus deiner Mitte ein vollkommenes Bild entstehen. Dann erst verwirkliche das Bild durch dein Tun. Fühle, denke und wisse das Ergebnis deiner Handlung voraus und hab stets die beste Möglichkeit und die schönste Form vor Augen.

Sei mit Leib und Seele bei der Sache, mit der du in diesem Augenblick beschäftigt bist. So wirst du nie ermüden, sondern immer mehr Energie gewinnen. Übe lächelnde Disziplin. Verspüre die körperliche Lust am Machen, den Genuss am Manifestieren deiner Wünsche und Ziele. Genieße dich im körperlichen Ausdruck.

Wähle stets den einfachsten und direktesten Weg. Halte dir dabei das Gesetz des *Li* vor Augen, welches besagt: Du erreichst am schnellsten deinen Platz im Ganzen, wenn du ohne jedes Zuviel und ohne jedes Zuwenig vorwärts gehst. Tue, was getan werden muss, ohne Umschweife. Lass dich weder von deinen Vorlieben noch von deinen Abneigungen aufhalten. Höre auf deine innere Stimme.

Der nächste Schritt ist immer der, der unmittelbar bevorsteht. Hast du dich einmal in Bewegung gesetzt, wirst du automatisch zum nächsten Schritt geführt.

Das Leben in Fülle haben

Ich bin gekommen,
dass sie das Leben in Fülle haben.

JOHANNES-EVANGELIUM (10,10)

Es ist tatsächlich möglich, nur in diesem Augenblick zu leben und die ganzen Verstrickungen im Leiden zu vermeiden. Die Meinung, dass Leiden unbedingt notwendig sei, um spirituelle Fortschritte machen und über sein kleines Ich hinauswachsen zu können, ist mit Sicherheit ein Relikt der patriarchalen Weisheitstraditionen und eines der traurigsten Missverständnisse der gegenwärtigen Religionen. Die ursprünglichen Botschaften der großen Erleuchteten waren ausnahmslos »frohe Botschaften«. Leiden kann eine Chance sein, ja. Aber wir müssen nicht warten, bis unerträglicher Schmerz uns dazu zwingt, die Gegenwart zu finden. Ich bin sogar der tiefen Überzeugung, dass die Zukunft der Menschheit von der Fähigkeit abhängen wird, sich aus Verstrickungen zu lösen und sich dem Gesetz der Fülle zuzuwenden!

In diesem Zusammenhang möchte ich noch einmal über die Themen Geld und materieller Erfolg sprechen, die wir zu Beginn des Buches aus einer anderen Perspektive gestreift haben. Vielleicht ist dem Leser inzwischen klar geworden, dass man zu beiden durchaus ein gesundes Verhältnis haben kann – vor allem dann, wenn man zwischen Sucht und Wunsch zu unterscheiden vermag. Das Gleiche trifft übrigens auch auf die Sexualität zu. Geld, materieller Erfolg und Sex waren und sind die drei Tabuthemen der patriarchalen Weisheitstraditionen. Jeder, der die spirituelle Laufbahn eingeschlagen hat, musste sich schon einmal mit Glaubensmustern auseinander setzen wie: »Spiritualität und Reichtum schließen sich aus«, »Geld ist schlecht« oder gar »Geld stinkt«.

Wie wir in den Anfangskapiteln gesehen haben, hat dies auch seinen Sinn. Die Gefahr, dass wir die Sehnsucht nach Vollkommenheit nach außen projizieren und die Suche nach Sinn und Erfüllung von äußeren Faktoren abhängig machen, ist riesengroß. Diese Suche führt in die Sucht, weil unsere Sehnsucht auf diese Weise niemals gestillt werden kann.

Geld und Erfolg sind jedoch neutral. Erst durch die Art und Weise, wie wir damit umgehen, werden sie zu etwas Positivem oder Negativem.

Mit zunehmender Selbstrealisation geht zwangsläufig die Fülle einher – eine Fülle, die sich auf allen Ebenen manifestieren möchte, auch auf der materiellen. Wenn wir das Trennende in unserem Denken und Verhalten überwinden, lösen sich bestehende Blockaden auf und die Energie gerät in Bewegung. Überfluss ist die natürliche Folge dieses Prozesses. Die unerschöpfliche Quelle des Hohen Selbst erschließt uns die Gesetze, mit denen wir Fülle bewusst und zum Wohle des Ganzen manifestieren können. Entdecken wir diese unerschöpfliche Quelle, stellt sich die Frage plötzlich andersherum: Wenn wir die Fülle jetzt von uns wiesen, *würden wir dann nicht neue Formen der Trennung erschaffen?*

Die Aufgabe des Menschen besteht im Empfangen, wenn die Fülle auf ihn einströmt. Erst wenn er zu empfangen versteht, kann er zu einem reinen Kanal für die göttliche Intelligenz werden. Nur so arbeiten der universelle und der menschliche Wille Hand in Hand. Diese Tatsache trifft auf alles zu, also auch auf Geld, Erfolg und Sex. Gegen diese Dinge ist gar nichts einzuwenden, solange wir konstruktiv mit ihnen umgehen – in Wahrheit, Liebe und Freude und zum Wohle des Ganzen. Auch hier trifft der Ausspruch des heiligen Augustinus ins Schwarze: »Liebe und tu, was du willst.«

Echter Erfolg ist ein Zeichen unseres Engagements und die verdiente Belohnung für den Einsatz unseres Potenzials. In der heutigen Welt sichert Geld unsere Existenz. Ohne Einkommen wären wir von äußerer Unterstützung abhängig. Für einen autonomen Menschen ist es selbstverständlich, sein Bestes zu geben und für den eigenen Unterhalt zu sorgen.

Auf den Umgang mit Geld lassen sich alle Gesetze der Lebensenergie anwenden. Oft wird es sogar als Synonym für Energie verwendet. Es ist nicht nur notwendig für unser Überleben, sondern hilft uns auch in der Selbstrealisation weiter. Wer in der natürlichen Fülle lebt, kann seine höchsten Vorstellungen ohne Unschweife verwirklichen und seinen Aufgaben schnell und effizient nachkommen.

Die Entwicklung einer gesunden, verantwortungsvollen und konstruktiven Einstellung zu Geld und persönlichem Erfolg wird eine der wichtigsten Aufgaben der Zukunft sein. Dies setzt jedoch eine völlig neue Ethik voraus: eine verbindende Ethik und keine trennende, eine Ethik, die aus Herzensqualitäten hervorgehen wird.[18]

Wie Phönix, der aus seiner Asche aufersteht, entfaltet der realisierte Mensch *beide* Schwingen – GEIST und Materie – und verbindet sie zu einer Einheit. Auf diese Weise erlangt er die wahre Integrität von Körper, Seele, Geist und GEIST. Unteres, Mittleres und Hohes Selbst, alle Dimensionen des Seins schwingen in perfektem Einklang. Spiritualität und Sinnlichkeit sind endlich vereint. Opfer- und Mangelbewusstsein lösen sich im Überfluss der Liebe auf. Ein solcher Mensch ist »eindeutig«. Er feiert das Leben und gestaltet es auf allen Ebenen reicher, schöner und erfolgreicher, indem er sich stets für das Wahre, Gute und Schöne entscheidet.

Aktive Teilhabe

Die universellen Gesetze arbeiten immer in der gleichen Weise, aber sie müssen durch uns aktiviert werden, durch unsere Teilhabe. Wie sich die mathematischen Gesetze durch sich allein weder multiplizieren noch dividieren, weder subtrahieren noch addieren, so sind auch die kosmischen Gesetze ohne unser Zutun rein statisch. Erst durch unsere aktive Teilnahme am Ganzen setzen sie sich in Bewegung. Auch das Gesetz der Fülle spendet erst dann Überfluss, wenn wir ihm mit den richtigen Gedanken und Taten Leben einhauchen. Dies sind die Spielregeln, die zu beherzigen uns nicht erspart bleiben. Da diese Spielregeln so immens wichtig sind, sollen sie im Folgenden noch einmal zusammengefasst werden.

1 Beginne bei dir selbst, und zwar dort, wo du dich im Augenblick befindest.

2 Öffne dich dem Hohen Selbst und behandle dein Unteres Selbst liebevoll. Sei dir immer im Klaren darüber, dass du durch das Hohe und Untere Selbst direkt mit dem Ganzen und der Fülle des Ganzen verbunden bist.

3 Behalte stets das Wohl des Ganzen im Auge. Übe dich in der Entwicklung von Herzensqualitäten, denn dadurch schließt du dich direkt an die kosmischen Ordnungsgesetze an.

4 Gib niemals auf und fang immer wieder neu an, Wahrheit, Liebe und Freude zu leben und damit Trennung, Negativität und Destruktivität zu transformieren. Auf diese Weise bleibst du im Fluss der Einen Bewegung, der Lebenskraft.

5 Höre auf deine innere Stimme. Dein Hohes Selbst ist deine einzige Autorität. Niemand anderer kann über dein Leben bestimmen. Niemand kennt den Weg, den du vor dir hast. Noch nie ist jemand diesen Weg gegangen, und niemals wird ein anderer diesen Weg gehen: Denn es ist dein Weg.

6 Setze alles in die Tat um, was deine innere Stimme dir sagt. Achte dabei auf die Gesetze des Kraftfelds. Unternimm die notwendigen Schritte und überlasse den Rest dem Willen des Ganzen.

7 Lass dein Licht leuchten, indem du dein Potenzial, deine Anlagen und deine Fähigkeiten wirklich lebst. Dieses Licht ist so einmalig, wie du einmalig bist. Du hast einen wertvollen Beitrag zu leisten auf deine ganz besondere, einmalige Art. *Dein* Licht ist deine wahre Bestimmung.

8 Lenke deine Aufmerksamkeit auf deine höchste Vision. Lebe deine Träume. Es ist im Sinne des Ganzen, dass du das Schönste und Beste verwirklichst, das du dir vorstellen kannst. »Die Sehnsucht nach Vollkommenheit ist die Musik, die zwischen uns und der Welt erklingt. Die Bedürfnisse des Selbst sind die Töne, die Bedürfnisse der Welt die dazugehörenden Obertöne. Gemeinsam stellen sie die unterschiedlichen Wellenlängen desselben evolutionären Dranges dar, desselben sehnsuchtsvollen Liedes.«

9 Nimm das Hier und Jetzt achtsam wahr. Lass dich jeden Tag vom Leben beschenken. Genieße deinen Weg, deinen einmaligen, wundervollen Lebensweg.

10 Rufe dein Hohes Selbst und die kosmischen Kräfte an, wann immer du es wünschst. Kontaktiere dein Unteres Selbst, wann immer du etwas ändern willst oder Ressourcen mobilisieren möchtest. Und so wirst du die einmalige Melodie deines Lebens immer reiner in dir hören.

11 Solange du den Weg der Liebe gehst, wirken die Gesetze. Du kannst dich einklinken in das Kraftfeld und deine Wünsche aussprechen. Sie werden erfüllt werden, weil diese Gesetze unfehlbar sind und allem zugrunde liegen, was ist. Die ganze Schöpfung ist für dich da!

12 Formuliere für dich ganz genau, was du willst. »Then go for it.« Gib nicht auf, bis du dein Ziel erreicht hast und den Erfolg ernten kannst.
Kontaktiere jeden Tag das Hohe Selbst, bis du den Regen des Segens wahrnimmst. Trage deine höchste Vorstellung täglich exakt vor, um sie mit neuer Energie aufzufüllen. Verfolge den schöpferischen Prozess ernsthaft und kontinuierlich. Um die neu geschaffenen Kanäle zu stabilisieren, richte deine Aufmerksamkeit immer wieder auf dein Vorhaben aus. Beschäftige dich auch sonst intensiv mit der gewählten Aufgabe. Lies, bilde dich weiter, gestatte dir Tagträume. Fertige eine Schatzkarte an, die deine Vision widerspiegelt. Lege dir ein Füllhorn zu oder besorge dir ein Amulett. Kreiere eine Affirmation oder eine Visualisierung, die den stärksten Eindruck auf dein Unteres Selbst macht. Wiederhole diese regelmäßig und lass dich von ihr freudig und optimistisch stimmen.

13 Wenn du unsicher, voller Zweifel und wechselhaft bist, wirst du nicht vorwärts kommen. Achte deshalb auf deine Gedanken und bleibe in der ständigen Ausrichtung. Trainiere deinen Geist, stets nur konstruktiv zu entscheiden. Wenn schlechte Gedanken auftauchen, neutralisiere sie sofort mit positiven. Bekämpfe die negativen Gedanken nicht, sondern lass sie da sein und wechsle sie einfach gegen konstruktive aus.

14 Sei dankbar für alles Gute, was in dein Leben tritt. Echte Dankbarkeit ist die höchste Form der Achtsamkeit. Sie macht dich zu einem Gefäß, in das sich neue Kraft ergießen kann. Führe dir das Gute, das du nun hast, immer wieder vor Augen. Sei offen für jede andere Manifestation des Göttlichen. Wenn du die uni-

verselle Kraft in dir anerkennst, wird sich der Erfolg nicht vermeiden lassen.

Wie Wünsche am schnellsten wahr werden

Die Manifestation deiner Träume lässt sich um ein Vielfaches beschleunigen, wenn du die beiden folgenden Gesetze beachtest und sie in die Praxis umsetzt.

1 Gib, was du empfangen möchtest

Formuliere einen Wunsch, deiner höchsten Vision entsprechend.
Suche jemanden, dem du das gibst, was du dir wünschst. Werde zur Quelle dessen, was du dir am meisten ersehnst.
Wünschst du dir Geborgenheit, gib Geborgenheit.
Wünschst du dir Trost, spende Trost.
Sehnst du dich danach, angenommen und gewürdigt zu werden, dann würdige einen anderen. Nimm ihn an, wie er ist.
Suchst du nach Schönheit, dann verströme Schönheit in allem, was du tust.
Wünschst du dir Frieden, sei friedfertig.

2 Segne, was du vermehren möchtest

Brauchst du mehr von einer bestimmten Eigenschaft, segne sie, sobald sie dir im Außen begegnet: in anderen Menschen, in der Natur, in allen Dingen.
Willst du mehr Schönheit in dein Leben bringen, so segne alles Schöne.
Benötigst du eine bessere Gesundheit, segne alles Gesunde.
Brauchst du mehr Geld, so segne das Geld und jeden, der Geld hat – vorausgesetzt, er geht verantwortungsvoll damit um.

Geben und Segnen führen deinen Träumen Aufmerksamkeit zu und erfüllen sie mit Energie. Sodann können sie Wirklichkeit werden.

Beherzigst du die Spielregeln dieses Kapitels, indem du sie mit Leben erfüllst, dann kannst du dich dem Vertrauen überlassen, dass ALLES für dich arbeitet. Die gesamte Matrix des Kraftfelds wird rekrutiert und zur Mitarbeit herangezogen. Das Gesetz der Synchronizität kommt zum Tragen. Die richtigen Leute werden dir begegnen, die richtigen Situationen auf dich zukommen; du wirst die richtigen Ideen haben und die richtigen Hilfsmittel erhalten.

Es werden aber auch alle Trennungsmuster, die mit deiner Aufgabe in Zusammenhang stehen, an die Oberfläche treten. Habe keine Angst vor ihnen. Sie tauchen nicht auf, um dir Angst zu machen, sondern um geheilt zu werden. Begegne ihnen, ohne dich mit ihnen zu identifizieren. Letztendlich unterstützt dich ALLES dabei, größere Bewusstheit zu erlangen und deine Kräfte zu befreien.

Allmählich wirst du zu der Überzeugung gelangen: Du bekommst, was immer du brauchst – insofern deine Gesinnung rein ist und du stetig mit der Ordnung gehst.

Affirmation

Ich erlaube mir,
mein Leben nach meiner höchsten Vorstellung zu gestalten.
Ich gönne mir die Verwirklichung meiner Träume.
In vollen Zügen genieße ich
das Spiel von Wahrheit und Wirklichkeit.
Ich bin der Schöpfer meiner Wirklichkeit.
Ich werde zur Quelle dessen, was ich mir am meisten wünsche.

Fokussiere dich auf das, was du willst
und nicht auf das, was du nicht willst.
ANTHONY ROBBINS

Du musst selbst die Veränderung sein,
die du in der Welt sehen willst.
MAHATMA GANDHI

Wir können Probleme nicht
mit der gleichen Art zu denken lösen,
wie wir sie erschaffen haben.
ALBERT EINSTEIN

Verändere deine Gedanken,
wenn du deine Lebensumstände ändern möchtest.
Du allein bist verantwortlich für deine Gedanken,
also kannst nur du sie ändern.
Jeder Gedanke hat innere und äußere Wirkungen.
Also mache Gebrauch davon.
PARAMAHANSA YOGANANDA

»Be longing« und »Belonging«

*Sein (engl.: to **be**)*
*+ Sehnsucht (engl.: **longing**)*
wird zu
***Belonging** (Zusammengehörigkeit)*

Roland Ropers

Sein + Sehnsucht = Zusammengehörigkeit

So lautet die Gleichung der Liebe, eine Gleichung, die den Inhalt von *Amo ergo sum* auf einen Nenner bringt. Roland Ropers hat sie nach einem unserer Telefongespräche formuliert. Ich finde sie genial.

Sein nimmt Bezug auf das Leben in der Gegenwart, ein Leben, das von bedingungslosem Gewahrsein geprägt ist. Die Sehnsucht ist der Impuls der Evolution, der uns der Vollkommenheit entgegenführen will. Folgen wir ihr mit der gleichen Aufmerksamkeit, mit der wir auch dem Hier und Jetzt begegnen, werden wir automatisch in den Bewusstseinszustand der Liebe geführt. Dieser enthüllt uns die Verbundenheit des Ganzen sowie das Prinzip der Verbindung und schenkt uns das Gefühl der Zusammengehörigkeit – Urvertrauen. In diesem Bewusstseinsfeld können wir das Göttliche in jeder Form der Existenz erkennen und alles Trennende hinter uns lassen. Wir müssen uns nicht länger von Ego zu Ego begegnen. Wir begegnen uns auf gleicher Augenhöhe: »Das Göttliche in mir grüßt das Göttliche in dir.«

Wenden wir diese Formel auf das menschliche Miteinander an, verwandeln wir:

- Trennung in Verbindung
- Angst in Vertrauen
- Destruktives in Konstruktives
- Negatives in Positives
- Gegeneinander in Miteinander
- Konkurrenz in Kooperation

- Opferhaltung und Selbstaufgabe in Selbstverantwortung
- Manipulation in Wertschätzung
- Scheinheiligkeit in Ganzheit
- Absolutismus in Flexibilität
- Besserwisserei in Neugier
- Problembewusstsein in Lösungsbewusstsein
- Beurteilung in Unterscheidungsfähigkeit
- Projektion in Weisheit

Die Auflösung patriarchaler Muster und Konditionierungen führt zu individueller und kollektiver Heilung und schafft einen neuen Raum für Ich, Du und Wir; einen Raum, in dem wir gemeinsam wachsen, gemeinsam lernen, uns auf Nähe und Offenheit einlassen und miteinander in Resonanz kommen können, um ein Stück des Weges gemeinsam zu gehen.

Jede Organisation oder Gruppe, jede Familie, jedes Volk und jede Nation stellt einen lebenden Organismus dar. Ein solcher Organismus wird zu einem *gesunden* Organismus, wenn alle Teile zum Wohle des Ganzen arbeiten, das heißt, wenn jeder Einzelne seinen Part einbringt – durch seine persönliche Bestleistung und den Willen für gemeinsames Zusammenarbeiten. Hierbei muss stets die Einzigartigkeit und Nichtaustauschbarkeit eines jeden berücksichtigt werden. Es geht darum, die eigenen Ressourcen zu leben und lustvoll einen Beitrag zu leisten, sich gegenseitig zu inspirieren, zu ergänzen und zu bereichern. Das gilt für alle Beteiligten und jegliche Form des Miteinander: für Teams und Familien, in der Gesellschaft und am Arbeitsplatz, für Lebenspartner ebenso wie für Lehrer und Schüler.

Gesunde soziale Organismen brauchen also selbstbewusste Individuen, die auf ihre persönliche Entfaltung achten und gleichzeitig hochsolidarisch sind. Dies sind Menschen, die ein Gespür für Nähe und Distanz haben. »Zwischenmenschliche Beziehungen gründen auf zwei Werten: sich jemandem nahe fühlen und doch von ihm getrennt sein. Das Gefühl der Nähe befähigt uns dazu, die Beziehung herzustellen, unsere Gefühle zu teilen und Worte und Gedanken auszutauschen. Das Gefühl der Entferntheit ermöglicht uns, unser Ich aufrechtzuerhalten«, sagt Deepak Chopra.

Selbstwert und Selbstvertrauen verhelfen zu einer gesunden Wir-Identität, weil man nicht um die persönliche Identität fürchten und nicht auf seine Einzigartigkeit bestehen muss. Man muss sich nicht pathologisch abgrenzen oder dafür sorgen, dass man wahrgenommen wird. Man übernimmt die Verantwortung, wirkt inspirierend und beflügelnd. Selbstbewusste Menschen haben sich vom Abhängigkeit stiftenden Helfersyndrom verabschiedet und unterstützen andere nun im Erlangen der Freiheit. Sie fixieren sich nicht auf die Schwächen der Mitmenschen, um sich selbst zu erhöhen, sondern würdigen deren Stärken. Sie verzichten auf das Verteilen von Ratschlägen, weil sie sich der Tatsache bewusst sind, dass Ratschläge auch Schläge sind.

Echtes Selbstbewusstsein entsteht nicht aus irgendeiner besonderen Fähigkeit, die man zu besitzen glaubt. Vielmehr resultiert es aus der Gewissheit heraus, jede Fähigkeit erlernen zu können, die notwendig für das Leben ist, jedes Ziel erreichen zu können, das man sich gesetzt hat. Wenn jedes Mitglied für sich selber weiß, dass es allein lebensfähig und erfolgreich sein kann, dann wird das gemeinsame Spiel zu einer Herausforderung, die Grenzen transformiert, Neuland erobert und ins Wachstum führt. Zu einer Herausforderung, die Kreativität, Flexibilität, Verständnis, Mitgefühl und Leidenschaft mit sich bringt. In einem solchen Wir-Geist wird es leicht fallen, Fehler und Schwächen anzunehmen – bei sich selbst und bei anderen. Denn man ist in der Lage, verschiedene Standpunkte einzunehmen und dadurch die unsichtbaren Hintergründe und verborgenen Zusammenhänge zu erkennen.

Von der Fixierung auf Unterschiedlichkeiten kann es nun zur Konzentration auf Gemeinsamkeiten kommen. In der höchsten Form führt Selbst-Bewusst-Sein zu der Fähigkeit, sich im Innersten miteinander zu verbinden, selbst wenn im Außen Meinungsverschiedenheiten oder sogar Gewalt und Krieg herrschen.

Eine natürliche Ethik

Aus dem Bewusstseinszustand der Liebe entsteht eine verbindende Ethik quasi wie von selbst; eine Ethik, die aus dem inneren Bedürfnis nach Verbindlichkeit, Gemeinsamkeit, Zusammengehörigkeit, Ganzheit – Vollkommenheit – erwächst.

Erst eine solche natürliche Ethik wird in der Lage sein, Völker und Nationen, Generationen, männlich und weiblich zu vereinen. Nur eine solche Ethik kann zur Grundlage eines globalen Wertesystems werden. Das integrale Wertesystem der Zukunft wird die Bildung künstlicher Hierarchien nur unterstützen, solange diese mit natürlichen Hierarchien übereinstimmen. Es wird der inneren Ordnung der Welt dienen und daher nicht mehr machtorientiert, sondern kompetenzorientiert sein. Es wird das Individuum in dem Bestreben fördern, seine höchsten Vorstellungen zu verwirklichen und die volle Verantwortung für seine Entscheidungen zu übernehmen. Es wird den Menschen anleiten, seine individuelle Wirklichkeit durch gelebte Herzensqualitäten mit der universellen Wahrheit in Einklang zu bringen.

Die integrale Ethik wird stärker sein als jeder von außen oktroyierte Sittenkodex, denn sie entspringt keinen äußeren Quellen mehr. Sie erwächst unmittelbar aus dem Herzen der Menschheit.

Wenn einer allein träumt, ist es nur ein Traum.
Wenn viele gemeinsam träumen,
ist das der Anfang einer neuen Wirklichkeit.

FRIEDENSREICH HUNDERTWASSER

Siehe, was du selbst tun kannst, *um dich, uns und den ganzen Planeten zu heilen!*

Heile zunächst dich selbst, ***indem du lernst,*** *dir selbst, deinen Mitmenschen und speziell auch deinen vermeintlichen Widersachern unsere* ***Unvollkommenheit zu vergeben.***

Kämpfe nicht gegen *das an, was dich quält, denn dadurch gibst du deiner Qual neue Nahrung.*

Kämpfe für *das, was du selbst aus ganzem Herzen bejahst, denn das dient wahrhaft uns allen!*

Mache ***deine Liebe*** *zu deiner ersten und einzigen Motivation deiner Handlungen, nicht deine Angst, denn es gibt in jeder Handlung nur den einen oder anderen Urgrund, Liebe oder Angst.*

Konzentriere deine Wahrnehmung *auf die mannigfaltigen* ***positiven*** *Dinge, Ereignisse und Menschen, die es in deinem Umfeld gibt, und die Welt zeigt dir ein sehr viel freundlicheres Gesicht, das weit näher an der Wahrheit liegt als an der Wirklichkeit, die uns stattdessen dafür verkauft werden soll.*

Gehe über deinen Verstand hinaus *und erschließe dir nach und nach die bis jetzt ungenutzten 90 Prozent deines Gehirns, indem du* ***mit der Evolution*** *gehst, statt dich ihr noch länger zu verweigern.*

Suche *bei allen Gegensätzen immer* ***nach Gemeinsamkeiten, Zusammenhängen und Verbindungen,*** *die – bei aller noch herrschenden Detailversessenheit und Unterteilungswut – doch* ***die Ordnung im Chaos*** *erkennen lassen.*

Halte dich nicht *an den Symptomen* ***auf,*** *sondern sieh die Ursache der menschlichen Verirrungen an und* ***erschaffe*** *aus und inmitten diesem Chaos*

etwas Neues, *aus deiner Inspiration, deiner Intuition und deinen wahren Gedanken,* ***das uns allen dient.***

Suche die Gemeinschaft *mit Menschen, die bewusst die Verantwortung für das eigene Leben übernehmen, denn wenn sich mehrere* ***»in seinem Namen«*** *zusammentun, potenzieren sich die Möglichkeiten,* ***aus dem Chaos herauszuwachsen.***

Füge deinen Teil *an individuellem Bewusstsein dem gerade wiedererwachenden Gruppenbewusstsein* ***hinzu,***

und du wirst teilhaben

an der umfassendsten und sanftesten globalen Revolution, die es je in unserer Historie gab ...

Einheit in Vielfalt!

(Blue Thunder, 11. Februar 2003, nach dem Intensiv-Workshop »The Essence«)

Teil zwei Die Ent-Scheidung

Unsere Wirklichkeit ist das Produkt einer Unzahl von Entscheidungen, die wir im Leben getroffen haben, kollektiv wie individuell. Manche davon trafen wir bewusst und erlebten bewusst deren Auswirkungen. Andere dagegen trafen wir unbewusst und konnten daher nicht sehen, dass wir selbst die Auslöser ihrer Resultate waren.

Für den realisierten Menschen geht es darum, Entscheidungen bewusst auf der Basis der Liebe zu treffen – mit dem Anliegen, alle Formen der Trennung zu überwinden, zuallererst den Dualismus von Heilig und Profan!

Integration der verschiedenen Selbsterfahrungswege

Seit jeher gibt es in den philosophischen, religiösen und medizinischen Traditionen der Welt zwei Hauptstränge von Wegen mit Kurs auf Selbstverwirklichung: den magisch-therapeutischen und den mystisch-spirituellen.

Von ihren schamanistischen Anfängen bis zur modernen Psychologie war die magisch-therapeutische Richtung die am meisten verbreitete. Ihr Ziel lautete: Meisterschaft über den Körper, die Psyche, das Mentale und den subtilen Bereich der Energien zu erlangen, um zu heilen und die Wirklichkeit zu meistern. Die entsprechenden Methoden bezogen sich auf das Unterbewusstsein und die Beherrschung der äußeren Realität.

Das Untere Selbst ist ein unerschöpflicher Pool, in dem alles gespeichert ist, was wir jemals gedacht, erfahren, erlebt und erlernt haben. Es ist ein unendlicher Schatz, den zu entdecken es sich wirklich lohnt. Die Fähigkeit, Kontakt mit ihm aufzunehmen, bringt eine enorme Kreativität mit sich. Die Möglichkeit, es zu lenken und zu beeinflussen, verleiht Macht: Macht über sich selbst, über andere Menschen und Lebewesen und sogar über Objekte und Materie.

Eine einseitige Arbeit mit dem Unteren Selbst hat jedoch auch ihre Nachteile. Ohne Verankerung im Hohen Selbst bergen diese Verlockungen die ständige Gefahr des Macht*missbrauchs*. Und nur selten führen sie zur Erkenntnis der letztendlichen Wahrheit.

Die spirituellen Richtungen waren dagegen hauptsächlich auf das Hohe Selbst ausgerichtet, und ihr Ziel konzentrierte sich auf die Erleuchtung. Sie kannten das Geheimnis, das zur Vereinigung mit dem Absoluten führt. Es besteht darin, die Ego-Identifikation aufzulösen und den Zustand der Non-Dualität zu erreichen. Dazu erschien es notwendig, alle Faktoren zu eliminieren, welche an das Ich und die Welt des Wandels binden – vor allem persönliche Bedürfnisse und Begierden, die durch Sinne, Körper und Emotionen hervorgerufen werden. Die asketische Entsagung war meist verbunden mit dem völligen Rückzug aus der normalen Alltagswelt – in Höhlen, die Einsamkeit der Natur, in Ashrams und Klöster.

Hier ging es um den Aufstieg zu Gott. Und wer den Aufstieg erreicht hatte, für den ging es nur noch darum, diesen Zustand dauerhaft beizubehalten. Wir alle kennen Bilder und Geschichten von Yogis und Heiligen, die in jahrelanger meditativer Versenkung verharrten, bis ihre Glieder unbeweglich geworden waren und ihre Augen das Sonnenlicht nicht mehr ertragen konnten. Die Welt der Form hatte für sie keinen Wahrheitscharakter mehr. Sie war nichts als Illusion. Ja, sie stellte sogar das größte Hindernis auf dem Weg zur Erleuchtung dar. Der Weg war lang und entbehrungsreich und verlangte dem Menschen die Negierung des Mensch-Sein ab. Das Ziel der *östlichen* Erleuchtungswege war, dem leidvollen Kreislauf der Existenz zu entkommen. Ähnlich wurde das christliche Paradies im Himmel angesiedelt, weit entfernt vom Hier und Jetzt und nur durch ein Leben in Tugend und Verzicht erreichbar. »Selbstloses« Verhalten wurde auch im Christentum zum Ideal erklärt, zu einem Ideal, das die Verleugnung unserer Träume und Wünsche forderte und einen wesentlichen Teil unserer selbst unzufrieden und unerfüllt zurückließ.

Die Trennung von Heilig und Profan ist ein patriarchales Phänomen. Die patriarchalen Wege zu Gott betrachten das Leben, das Ich und die materielle Wirklichkeit mit Geringschätzung. Verständlich wird dies, wenn wir die sozialen, wirtschaftlichen und gesellschaftlichen »Härten« des Patriarchats berücksichtigen und der Tatsache Rechnung tragen: Die Menschen dieser Ära waren aufgrund ihrer Geburt, Herkunft und mangelnden Bildung – als Opfer künstlicher hierarchischer Systeme – unausweichlich an ein bestimmtes Schicksal gebunden, dem die meisten zu entfliehen versuchten.

Nun neigt sich das Patriarchat allmählich dem Ende zu, doch die Forderung nach Entsagung kennzeichnet noch immer die meisten spirituellen Wege.

Für den modernen Menschen, der in materiellem Wohlstand, Bildungsfreiheit und einem Umfeld potenzieller »Aufstiegschancen« lebt, wird die zutiefst menschliche Frage nach dem Sinn der Existenz damit nur unbefriedigend beantwortet. Sollte das Leben wirklich keinen anderen Sinn haben, als lediglich auf ein paradiesisches Jenseits hinzuarbeiten, das meist erst nach dem physischen Tod erreicht werden kann?

Es verwundert deshalb nicht, dass in den letzten Jahrzehnten zahlreiche Ansätze entstanden sind, die das Individuum wieder in den Vordergrund stellen. So brachte die Popularisierung von Psychologie und Esoterik einen Ich-Verwirklichungsboom ins Rollen, der bis heute andauert. Dessen Auswirkungen zeigen jedoch, dass die Sinnsuche des postmodernen Menschen längst im Hafen von Selbstsucht und Narzissmus festgefahren ist. Falsch verstandene Selbstverwirklichung kann zu einem Wahn ausarten, der einen ständig um den eigenen Nabel kreisen lässt, wobei das natürliche Gespür für soziale Verbindlichkeit, *commitment,* immer mehr verloren geht. Ken Wilber bezeichnet dieses Phänomen als *Boomeritis.* Mit dieser Wortschöpfung nimmt er Bezug auf die Generation der amerikanischen »Babyboomer«, die ungefähr unseren »68ern« entspricht. Auffällig an dieser Generation ist die Tatsache, dass Beziehungen keine bleibende Substanz mehr haben, dass die meisten Partnerschaften scheitern – an dem übertriebenen, fast rebellischen Anspruch des Individuums auf »Selbstentfaltung« (wobei es sich dabei – wohlgemerkt – um ein sehr reduziertes »Selbst-Verständnis« handelt).[19]

Solange wir zurückdenken können, lässt sich der Dualismus von Heilig und Profan, von GEIST und Materie, Gott und Mensch in den Weisheitstraditionen und den großen Schulen der Selbstverwirklichung verfolgen. Das Konzept der Magie bestand darin, das natürliche Potenzial innerer und äußerer Kräfte zu entfalten. Das Konzept der *religio* war auf die Erfahrung des GEISTES oder Gottes ausgerichtet. Beide Konzepte sind Antworten auf die Ursehnsucht nach Vollkommenheit, doch musste man sich stets für einen der beiden Wege *entscheiden*. Selbstverwirklichung oder Gottverwirklichung? Persönliche und materielle Souveränität oder Erlösung? Entweder oder? Beides gleichzeitig zu erschließen, schien sich zu widersprechen.

Das oberste Anliegen der integralen Schulen ist es, diese Kluft zu überbrücken und die beiden Stränge zu einem einzigen zusammenzuführen. Nur so kann die letzte große Spaltung und damit die fatalste aller »Scheidungen« aufgehoben werden. Erst im Sinne des letzten Brückenschlags entfaltet das Wort Ent-Scheidung seine eigentliche Bedeutung: die Scheidung aufheben, sprich Trennung überwinden.

Alle bisherigen Ansätze neigen zur Einseitigkeit. Diese Tendenz kann einzig und allein dadurch überwunden werden, dass wir – wie anfangs erwähnt – unser Augenmerk auf die *schöpferische Dynamik* zwischen Essenz und Form, Wahrheit und Wirklichkeit, zwischen dem Ich und dem Ganzen lenken, statt ausschließlich in die eine oder die andere Richtung zu blicken. Dazu gehört in erster Linie, überhaupt zwischen innerer Essenz und äußerer Form zu differenzieren und deren Zusammenspiel im Gesamtkontext von Kultur und Evolution betrachten zu lernen. Dazu gehört, dass wir uns selbst in unserer Ganzheit erkennen, indem wir lernen, uns in unserer »Beziehungshaftigkeit« zum Ganzen zu erfahren: zu unseren

Mitmenschen, zur Gesellschaft, anderen Völkern, zur Natur, zum Kosmos, zu dem Paradigma und der Zeit, in der wir leben. Anders ausgedrückt: dazu gehört die Schulung des Bewusstseins.

In der Welt von morgen wird die integrale Bewusstseinsschulung ein wesentlicher Inhalt des Erziehungssystems sein. Bis dahin müssen wir uns – leider – selbst darum kümmern. Tun wir dies aber, dann treten wir in das Kraftfeld von Wahrheit und Wirklichkeit ein. In ihm entwickeln wir nicht nur eine subtile Wahrnehmung, sondern auch unterscheidende Weisheit – Eigenschaften, die Orientierung und inneren Halt ermöglichen und in einer Welt des rapiden Wandels von enormer Wichtigkeit sind.

Heute müssen Heilig und Profan wieder vereint werden: nicht nur um die Ausdehnung des Rationalen ins Integrale zu ermöglichen, sondern auch, damit der moderne Mensch in sein sinnentleertes Dasein die heilende Ahnung des unteilbaren Mysteriums integrieren kann. Die Ausrichtung muss dabei unbedingt auf die Eine Bewegung gelenkt werden. Sonst stecken wir bald wieder dort fest, wo wir uns schon so oft verfahren haben – in der Sackgasse erstarrter Dogmatik.

Ein göttliches Selbstverständnis

1 ***In der Einen Bewegung verwandelt sich der Dualismus von GEIST und Materie – von Gott und Schöpfung – in eine*** **vom Göttlichen durchströmte Schöpfung.** ***Die Polarität von Gott und Mensch wird zu einer lebendigen Verbindung.***

2 ***Gott ist nicht länger Gestalt, sondern Gestaltungskraft, nicht Schöpfer, sondern schöpferisches Bewusstsein, kein*** **deus otiosus,** ***sondern die pure Dynamik der Evolution. Gott wird zur ALLES verbindenden Intelligenz jenseits jeglicher Trennung.***

3 ***Das Prinzip der Verbindung aber ist die Liebe. Somit ist Gott reine Liebesintelligenz, ALL-umfassend und ALLES durchdringend, »wirksam« in***

allem, was ist. Wenn wir dies erkennen, öffnet sich das letzte Tor der Realisation, und wir entdecken den göttlichen Impuls in uns selbst. Wir werden der Liebe gewahr.

4 Indem wir uns bedingungslos an die Liebe hingeben, gibt sich Gott an uns hin. Er wird zu unserem Werkzeug, und dadurch werden wir zu Schöpfern unserer Wirklichkeit. Gott will benutzt werden – unbedingt benutzt werden. Denn nur dann kann die Schöpfung in vollem Glanz erstrahlen.

5 Im Bewusstsein der Einen Bewegung – sprich der Liebe – können wir den Himmel auf die Erde holen. Und dies ist keine Anmaßung, sondern vollendete Demut, kein Egoismus, sondern vollkommenes Ganz-Sein. Denn alles, was wir im Bewusstseinszustand der Liebe denken, fühlen und tun, ist vom Geist der Wahrheit geprägt und auf das Wohl des Ganzen ausgerichtet.

6 Bisher wurde die Schöpfung als das alleinige Werk Gottes angesehen. In dem Augenblick jedoch, in dem der Mensch bewusst wird, erkennt er das Wesen des Göttlichen in ALLEM – auch in sich selbst. In diesem Augenblick wird sein Anteil an der Schöpfung offenbar. Das Göttliche legt sich als Werkzeug in seine offenen Hände. Er entdeckt das Wesen der Schöpferkraft und kann, nein, muss diese nun übernehmen.

7 Mit dieser »letzten Offenbarung« wird sich der Mensch radikal seiner Verantwortung bewusst. Fragen wie die nach der Theodizee beantworten sich von selbst. Die Möglichkeiten, Licht und Schatten auf einen fernen Gott zu projizieren, entfallen für immer. Nun liegt es an ihm, dem Menschen, ob die Welt untergeht oder in einer neuen, friedfertigen – einer evolutionären Form – weiterbesteht.

8 Die Verantwortung des bewussten Menschen liegt in der heiligen Pflicht zu lieben. Darum muss er sich selbst bemühen, hier und jetzt, in jedem Augenblick und immer wieder von neuem. In der Liebe aber öffnet sich das Tor zur Gnade, und er erfährt das glückselige Einssein mit dem Göttlichen. Liebe ist der Bewusstseinszustand, in dem sich Gnade und individuelles Bemühen begegnen.[20]

Die Wahrheit entmythologisieren

Spirituelle Wahrheit ist nichts Kompliziertes oder Esoterisches,
sie ist einfach tiefgründiger, gesunder Menschenverstand.
Wenn wir die Natur des Geistes erkennen,
fallen die Schichten der Verwirrung ab.
Wir »werden« nicht zu einem Buddha,
sondern hören allmählich auf, verblendet zu sein.
Ein Buddha zu sein bedeutet nicht etwa,
sich in eine Art allmächtigen, spirituellen Supermann zu verwandeln,
sondern – endlich – ein wahrer Mensch zu sein.
Sogyal Rinpoche

Wahrheit ist Ganzheit. Ein ganzer Mensch ist ein wahrer Mensch. Kein Übermensch. Wer sich durch Selbstrealisation die Aneignung paranormaler Fähigkeiten verspricht, ist meist nur das Opfer eines patriarchalen Strebens nach Bessersein. *Siddhi*-Kräfte wachsen uns mit zunehmender Selbstrealisation zwar zu, das ist wahr. Aber dies geschieht nicht auf spektakuläre, sondern auf selbstverständliche Weise. Es geschieht einfach dadurch, dass unsere subtile Wahrnehmung und geistige Klarsicht zunehmend schärfer und unsere Sicherheit immer stärker wird. Es ist nur logisch, dass wir geistige Orientierung und innere Stärke, psychische Unantastbarkeit und Urvertrauen entwickeln, wenn wir konsequent einer inneren Richtschnur folgen – Wahrheit, Liebe und Freude – und einen unerschütterlichen Bezugspunkt haben – das Hohe Selbst. Ebenso ist die allmähliche Entdeckung des »großen Zusammenhangs« nur die natürliche Folge der kontinuierlichen Bemühung, Trennung zu überwinden. An all diesen Dingen ist nichts Außergewöhnliches. Tatsächlich ist der Weg für jeden begehbar, der bereit ist, ausgediente Überzeugungen loszulassen und den Herausforderungen des Weges konstruktiv zu begegnen. Sogar das Phänomen der »Unsterblichkeit« wird eines Tages transparent werden, dann nämlich, wenn wir im Hohen Selbst hinter dem Persönlichen das Überpersönliche erkennen.

Nicht zuletzt basieren auch Synchronizitäten und Fügungen auf geistigen Gesetzen. Wunder sind, wie schon Augustinus sagte, nicht etwas von der Natur Abweichendes. Vielmehr sind sie die sichtbaren Auswirkungen von Gesetzen, deren Existenz wir nur noch nicht kennen!

Der ganze Mensch ist genial. Aber Genie und spirituelle Meisterschaft müssen nicht nur einer Handvoll Auserwählter vorbehalten bleiben. Genie ist, wie ich in den *Herzensqualitäten* dargestellt habe, das Resultat der Liebesintelligenz. Jeder Mensch hat das Potenzial, Meister statt Sklave seines Lebens zu sein. Jeder Mensch kann zur Quelle des GEISTES gelangen und aus dieser den Reichtum der Ganzheit schöpfen.

Ein Mensch, der den Genius der Wahrheit lebt, ist »original«. Er zeichnet sich durch ein Höchstmaß an Individualität aus, die Hand in Hand geht mit einem Höchstmaß an Universalität. Und er hat gar keine andere Wahl mehr, als sein Potenzial zu leben. Würde er dem Ruf der schöpferischen Kraft nicht folgen, müsste er an seiner eigenen Energie ersticken.

An der Quelle sein ... Die Quelle ist auch der Grund, warum ein ganzer Mensch in seinen schöpferischen Angelegenheiten keinen Rat mehr von äußeren Instanzen benötigt, auch nicht von geistigen Vermittlern wie Engeln, Hilfsgeistern und aufgestiegenen Meistern. Ein ganzer Mensch erkennt diese »Ratgeber« als universelle Kräfte und Intelligenzen, die durch ihn selbst arbeiten. Er projiziert nichts mehr ins Außen, weder um sich selbst zu erhöhen noch um seine Verantwortung abzugeben. Der Tribut, den er für die Aufrechterhaltung seiner Ganzheit zu entrichten hat, ist die permanente Ent-Scheidung, Trennung in jedem Augenblick durch Liebe zu transformieren – überall, wo immer er sie erkennt, innen oder außen, in sich selbst oder in anderen.

»Das Gras beseitigen und das Geheimnis hüten«, lautet ein Sprichwort. Die Wahrheit entmythologisieren, aber das Mysterium unangetastet lassen. Letztlich ist das alles, was man wissen muss. Das wuchernde Gras beseitigen und das Geheimnis einer lebendigen Wahrheit hüten.

Erst wer das eigentliche Ziel der Selbstrealisation – die Verwirklichung des ganzen Menschen – versteht, kann sich von blendenden »Schein-Heiligkeiten« und all den Klischees verabschieden, die sich um das Thema Spiritualität und »spirituelle Meister« ranken und seine klare Einschätzung trüben.

Das größte Handicap liegt tatsächlich darin, dass der patriarchal erzogene *mind* einfach nicht einsehen möchte: Glück, Fülle und Wahrheit sind zum Greifen nah. Entweder rennt er sein Leben lang der Phantasmagorie hinterher, eines Tages ein Übermensch zu sein, oder er ist von Kindheit an durch Argumente konditioniert wie: »Es ist schwierig«, »Es ist langwierig«, »Es ist nur Auserwählten vorbehalten«. Daher verstehen die Menschen die bloße und einfache Wahrheit nicht – die Wahrheit ihrer täglichen, immer gegenwärtigen und ewigen Erfahrung. Wie schon der große indische Weise Ramana Maharshi sagte, suchen sie in Himmel und Hölle und Wiedergeburt. Sie lieben Geheimnisse, nicht aber die einfache Wahrheit, die in ihnen selbst zu finden und ihnen jederzeit unmittelbar zugänglich ist. Sie stilisieren selbst ernannte Meister zu Göttern, während sie an den wirklichen vorbeilaufen. Ja, sie *benötigen* sogar den Nimbus des Abgehobenen, weil sie gewohnt sind, »von oben herab« belehrt zu werden.

»Ihr wollt, dass die Hüter der Wahrheit speziell handeln und aussehen. Ihr wollt sie besonders, anders, powervoll. Ihr stellt sie euch lieber in Licht gekleidet vor als bei alltäglichen Verrichtungen. Ihr mögt sie leidenschaftslos, geschlechtslos, erhaben und sanft. Ihr liebt die Idee von Wundern und werdet diese, wenn nötig, erfinden. Eure Strategie besteht darin, sie dort draußen, weit entfernt von euch selbst, festzunageln, exotisch und mysteriös. Ihr schwelgt im Mythos des erleuchteten Individuums, in der Hoffung, eines Tages auch zu den Auserwählten zu gehören. Ihr wollt nicht wahrhaben, dass sie ebenso normal erscheinen wie ihr selbst. Ihr geht an der Wahrheit vorbei, weil sie zu nah bei euch ist.«[21]

Die Wahrheit ist unspektakulär, denn sie ist das Nächstliegende, Selbstverständlichste – ein Teil von uns selbst. Geist ist uns näher als wir uns selbst.

Wahre Meister sind Diener. Ihnen geht es nicht darum, eine Anhängerschaft zu gewinnen, sondern den Weg zu Freiheit und Selbstbestimmung zu weisen. Heute brauchen wir Lehrer, die uns bei der Entwicklung einer integralen Weltsicht helfen, uns in unterscheidender Weisheit und der Praxis der Liebe unterrichten. Die Zeiten von Kult, Mythos und Image sind vorbei. Heute sind spirituelle Lehrer authentische Vermittler, die durch ihr eigenes Leben erkennen lassen, dass es potenziell für jeden möglich ist, ein ganzer Mensch zu werden. Es ist Not-wendig, die Wahrheit zu entmythologisieren, um sie zugänglich zu machen für jedermann und sie ins pure Leben integrieren zu können. Gelingt uns dies, dann brauchen wir auch die materielle Wirklichkeit nicht länger als Illusion abzutun. Nicht die Wirklichkeit ist Illusion. Illusion ist einzig und allein die Vorstellung der Trennung.

Liebe ist der Weg, die Wahrheit und das Leben. Spiritualität muss gelebt werden, von allen und von jedem, und zwar nicht wie bisher im Verzicht auf das Leben, sondern indem Wahrheit und Wirklichkeit, Spiritualität und Sinnlichkeit vereint werden – durch uns. Wir selbst sind das Bindeglied, jeder Einzelne von uns, du und ich – *der ganze Mensch*.

Sein ist so leicht
Leicht-Sein manchmal schwer
Leicht-Sinn lacht
Ha! mich an!
Mit Macht macht's was mit mir
Lenkt mich
Denkt mich
Sprengt mich

In klitzekleine Köstlichkeiten
Die enden wie Nichts
Im Sternenstaub
Und spenden
Das alles der einen Sonne
Die ich bin
Durch dich – und
Das Wollen der Wahrheit

SUSANNE SCHEUER
nach dem Intensiv-Workshop »The Essence«

Sich dem Leben stellen – Das Selbstbekenntnis

Zu Beginn des Selbstrealisationsprozesses steht daher eine klare Entscheidung: die Entscheidung nämlich, ein Ja zu uns selbst auszusprechen, ein Ja zum Leben, ein Ja zur Liebe – und diesem Ja zu folgen. Ein Ja zur Liebe ist gleichzeitig ein Ja zur innersten Quelle in uns, zum wahren oder Hohen Selbst, auch wenn wir noch nicht wissen, was genau das sein soll. Wenn diese Entscheidung aus tiefstem Herzen getroffen wird, erfolgt etwas Außerordentliches: Die innere Stimme erwacht, und die innere Führung nimmt uns an die Hand, um uns in das Kraftfeld von Wahrheit und Wirklichkeit zu führen.

Wir können das wahre Leben nur erwarten, wenn wir die volle, ja, die absolute Verantwortung für unser Leben übernehmen. Geben wir auch nur ein winziges bisschen dieser Verantwortung ab, werden wir nicht in der Lage sein, die Energie der Einheit auf Dauer zu halten und den Zustand der Erleuchtung in alle Fasern unseres Daseins auszubreiten – *bis zur vollständigen geistigen Durchdringung der Wirklichkeit!*

Mit dieser Erkenntnis trat vor ein paar Jahren die eigentliche Wende in meinem Leben ein. Obwohl ich seit meiner Kindheit die Gedanken zum Stillstand bringen konnte und fast die gesamte Bandbreite der mystischen Erfahrungen hinter mir hatte, wurde mir eines Tages schlagartig klar: Ich suchte noch eine Reihe von Sicherheiten im Außen und projizierte deshalb meine eigene innere Autorität dorthin, wo ich diese Sicherheiten zu finden glaubte – auf meinen damaligen Meister und die Lehre, auf meine Familie, auf »Gott«. Auf diese Weise »opferte« ich wesentliche Teile meiner Selbstbestimmung. Von meiner Familie erwartete ich emotionale Sicherheit und opferte dafür einen Großteil meiner eigenen Autonomie. Von der Lehre erhoffte ich die Sicherheit eines erprobten Weges, dem ich nur gehorsam folgen brauchte. Dafür opferte ich den Glauben an meine eigene – ureigene – Wahrnehmung. Von meinem Meister erbat ich Hilfe bei wichtigen Lebensentscheidungen. Dafür überließ ich ihm das letzte Wort. Von »Gott« schließlich erwartete ich die Sicherheit einer endgültigen Sinngebung. Dafür trat ich meine schöpferische Souveränität ab.

Das bedeutete, dass ich nicht nur einen *kleinen* Teil, sondern tatsächlich den *größten* Teil meiner Freiheit und Selbstbestimmung hergab: meine innere Autonomie, meine Wahrnehmung, das letzte Wort, schöpferische Souveränität!

Im Verein mit den meisten anderen Wahrheitssuchern der patriarchalen Ära erkannte ich mich selbst als Opfer falsch verstandener Bescheidenheits-, Gehorsams- und Demutsideale, falsch verstandener Tugenden.[22] Obwohl ich mir alle möglichen Abenteuer auf meinen äußeren und inneren Reisen gegönnt hatte, so hatte ich mich im Zwischenmenschlichen doch ein Leben lang »geduckt« – bescheiden gezeigt, verständnisvoll gefügt, elegant zurückgenommen. Ich hatte mein Licht geleugnet und letztlich dem Ego anderer gedient. Nahezu all meinen Lieben hatte ich auf diese Weise dazu verholfen, sich über mich zu stellen. Ich war zu nett gewesen oder, wie ein Freund sagte, »too good for this world«. Nicht selten war diese Gutmütigkeit schamlos ausgenutzt worden.

Ich schleppte noch *eine* essentielle Angst mit mir herum, die diesen typischen Projektionen und dem damit verbundenen Verhalten zugrunde lag: die Angst vor dem Alleinsein. Nicht im Sinne von Getrenntsein, sondern die Angst, mich dem Leben voll und ganz zu stellen und mich dabei rückhaltlos zu *meiner* Wahrheit zu bekennen. All-Ein-Sein und Alleinsein entpuppten sich hier als ein und dasselbe.

Die Ent-Scheidung, die dieser Erkenntnis folgte, hieß: ausnahmslos *allem* gegenübertreten, was mir das Leben bringt – nicht nur meinen Schattenseiten, sondern auch der Tiefe meines Selbst, meinem eigenen Potenzial. Es hieß, mein Hohes Selbst als einzige Autorität anzuerkennen. Sich aufrichten. Bei Kritik, Unverständnis, Missbilligung und Schuldzuweisung nicht kneifen, sondern stehen bleiben. Nun ging es darum, Stellung zu beziehen, »ein-deutig« zu werden, sich nicht verunsichern zu lassen. Diese Ent-Scheidung bedeutete: den Punkt ertragen lernen, an dem man – die »Dolche der eigenen Angst« auf sich gerichtet – nackt vor den Blicken der Welt steht und einen nichts anderes mehr retten kann als dieses eindeutige: »Ja, so bin ich. Das ist meine Wahrheit. Ich bin, der/die ich bin. Und ich stehe dazu. Ich übernehme die volle Verantwortung dafür.« Es hieß, nichts mehr persönlich zu nehmen: »Ich kann eure Einwände verstehen, aber sie haben nichts mit mir zu tun.«

Dieses Ja ist ein Ja an ausnahmslos *alles*. Es bedeutet: sich nicht mehr von Ängsten einschüchtern lassen. Keine Angst mehr vor sich selbst und keine Angst mehr vor anderen haben – weder vor Kritik und Beschuldigung, noch vor Aggression, Druck oder Erwartung. Es bedeutet: keine Angst mehr vor dem Leben haben und nichts mehr vermeiden, was die Wahrheit zu tun verlangt.

Sich dem Leben zu stellen und sich zu bekennen, das ist eine radikale Herausforderung. Entweder tut man es oder man verpasst den Durchgang ins Licht. Hier haben alle Scheinheiligkeiten ein Ende. An diesem Punkt gelten keine Kompromisse mehr. Die Eintrittskarte ins wahre Leben ist die nackte Wahrhaftigkeit, ähnlich wie der Eintritt in das Non-Duale die völlige Aufgabe jeglicher Identifikation erfordert.

Ich mache mich nackt
auf den Weg
gehe mutig
durch die Dolche
meiner Angst ...
Sie prallen ab
fallen zu Boden
berühren mich nicht.
Von nun an
können sie mir
nichts mehr anhaben ...

REGINA LINDINGER

Für mich bedeutete dies auch den bewussten Abschied von der äußeren Form der traditionellen Spiritualität. Bis zu diesem Punkt hatte mich der Weg geführt. Bis hierher hatten mich meine Meister begleitet. Dafür war ich zutiefst dankbar. Aber nun, an diesem Punkt, ging es nicht länger um die Form. Es ging um den ewig gültigen Inhalt, der in mir nach einer neuen Ausdrucksweise verlangte, damit Wahrheit und Wirklichkeit sich endlich wieder zärtlich aneinander schmiegen konnten. Es ging um die echte Sicherheit des »In-sich-selbst-verankert-Seins«. Es ging darum, dass ich selbst zum Weg wurde.

Der Abschied von einer Autorität da draußen und die Kehrtwende zu einem »Selbstbekenntnis«: Dies war die schwerwiegendste Ent-Scheidung meines Lebens. Hatte ich in meiner »östlichen Phase« die Wirklichkeit als Illusion abgetan und mich in Nicht-Anhaftung und Selbstaufgabe geübt, so verwandelte sich nun die subtile Ablehnung des Weltlichen in ein absolutes Ja, in ein Ja zu mir selbst und zu meiner »Wahr-Nehmung«. Ich liebte mich in das Leben zurück und erlebte erst in dieser Verliebtheit die endgültige Nicht-Zweiheit, eine Unteilbarkeit, die in jedem Augenblick und unter allen Umständen verwirklichbar war. Die persönliche Befreiung erlebte ich als das Resultat meiner bedingungslosen Lebensbejahung und der Tatsache, dass ich nichts mehr persönlich nahm, das heißt, keine Projektionen von außen mehr annahm.

Du siehst, lieber Leser, diese Erkenntnis bedeutete einen wirklichen Wendepunkt in meinem Leben. Rückwirkend änderte sich alles, was ich bisher geglaubt hatte. Meine Vergangenheit erschien in einem neuen Licht. Alte Vorstellungen hatten keine Bedeutung mehr für mich.

An diesem Wendepunkt wurden mir auch die Einseitigkeiten der etablierten Religionen und Selbsterfahrungswege bewusst. Wie zu Beginn von *Teil zwei* aufgezeigt wurde, brachten die östlichen Religionen mit ihrem übergeordneten Ziel, dem Kreislauf der Existenz zu entfliehen, die Gefahr der Passivität mit sich. Die westlichen Selbstverwirklichungs-»Trips« hingegen führten meist in grenzenlosen Narzissmus. Sowohl die östlichen als auch die westlichen Schulen gingen nur in eine einzige Richtung, anstatt den letzten großen Gegensatz zu überbrücken.

Von diesem Punkt aus war es für mich offensichtlich, dass es die Hauptaufgabe der neuen Spiritualität sein würde, genau diese Kluft zu überwinden. Dies konnte nur *in* der Liebe und *durch* die Liebe geschehen! Das Ziel der Realisation besteht nicht darin, die Wirklichkeit zu *transzendieren*, sondern sie zu umarmen! Und es wurde zu meiner tiefsten Leidenschaft, an genau dieser Umarmung zu arbeiten.

Selbstverwirklichung hat weder etwas mit rücksichtslosem Egoismus noch mit der Auflösung des Selbst im *Nirwana* zu tun. Sie ist weder ein Ego-Trip noch eine Flucht vor dem Leben. Sie hat nichts gemein mit Selbstaufgabe und ebenso wenig mit einer scheinheiligen Selbstlosigkeit.

Auch die Wende zum Ja war in meinem Traum, der im Vorwort zur Sprache kam, schon angedeutet – als Szene im Gerichtssaal.

Und wie alle anderen Wendepunkte stellt auch dieser keinen einmaligen, endgültigen dar. Vielmehr ist er einer, der immer wieder einmal auftaucht, immer dann, wenn sich Wahrheit in neuer, noch nicht da gewesener Form verwirklichen will. Es ist eine ständige Aufforderung, sich selbst treu zu bleiben, um den Mut zur Ungewissheit aufbringen zu können und für die Begegnung mit dem Unfassbaren gewappnet zu sein.

Wenn ich manchmal ein »schlechtes Gewissen« bekomme, dass ich es überhaupt *wage*, das Herkömmliche öffentlich in Frage zu stellen und mir eine eigene Meinung zu bilden, wenn also mein Unteres Selbst wieder einmal das alte patriarchale Muster auftischt, dann halte ich mir vor Augen: Die großen Geister dieser Welt, Jesus und Buddha nicht ausgenommen, hatten sich genau diese »Dreistigkeit« erlaubt. Sie hatten es gewagt, althergebrachten Dogmen den Rücken zu kehren und die Wahrheit in sich selbst zu finden. Sie hatten sich der Liebe gestellt und damit wesentliche Ent-Scheidungen bewirkt.

Die Entscheidung

Die folgende Übung ist eine Art Gelöbnis, ähnlich dem buddhistischen *Bodhisattva*-Gelübde.

Lies den Text oder reflektiere Abschnitt für Abschnitt. Folge dem Inhalt wach und bewusst und wiederhole – laut oder in Gedanken – jeden einzelnen Satz mit dem Gefühl innerer Überzeugung.

Wie die meisten Übungen sollte auch die Entscheidung so lange wiederholt werden, bis die Inhalte vollständig integriert sind.

ÜBUNG Ich entscheide mich hier und jetzt für den Weg der Bewusst-Werdung und des Bewusst-Seins. Ich entscheide mich, bewusster Schöpfer meiner Wirklichkeit zu werden, einer Wirklichkeit, die gleichzeitig auf mein eigenes Wohl und auf das Wohl des Ganzen ausgerichtet ist. Ich erlaube und gönne es mir, meiner tiefsten Sehnsucht nach Vollkommenheit zu folgen, die mit dem Drang der Evolution in Einklang steht. Was ich selbst brauche, braucht auch die Welt. Deshalb ist es wichtig, dass wir alle bekommen, wessen wir bedürfen.

Ich entscheide mich hier und jetzt, all jene Formen der Trennung und Spaltung, die ich in mir selbst erkenne und die mir in meinem alltäglichen Leben begegnen, durch Liebe zu transzendieren und dadurch zu heilen. Ich bin mir bewusst, dass sämtliche, auf Trennung beruhende Muster mich letztendlich von meinem wahren Selbst und dem wahren Selbst der anderen trennen. Mein wahres Selbst ist Wahrheit, Liebe und Freude – nur das und nichts als das. Ich erlaube mir jetzt, Wahrheit, Liebe und Freude zu leben, wo immer es möglich ist. Ich bin willens, wie ein lupenreiner Diamant zu werden, durch dessen Facetten das Licht der Wahrheit in die Wirklichkeit leuchtet.

Ich weiß, dass es in der heutigen Welt darum geht, GEIST ins Leben zu integrieren. Dies ist die größte Herausforderung an den erwachenden Menschen der Gegenwart, und ich nehme diese Herausforderung dankbar an.

ÜBUNG

Mir ist klar: Wahre Befreiung kann sich nur dann ereignen, wenn das Leben nicht nur für mein eigenes Glück, sondern im Dienst einer Sache gelebt wird, die größer ist als ich selbst. Ich entscheide mich, zum Wohl des Ganzen zu handeln und – wo immer es mir möglich ist – für Ordnung statt Unordnung, Ganzheit statt Trennung, Wahrheit statt Lüge und Liebe statt Hass zu sorgen. Damit leiste ich meinen Beitrag zur Evolution des Bewusstseins, dafür, dass der Himmel auf Erden für alle möglich wird. Dies ist der Sinn des Lebens, meine übergeordnete Lebensaufgabe, und dieser Aufgabe gebe ich mich bewusst hin – für immer.

Ich entscheide mich hier und jetzt, stets in der Klarheit dieser Absicht zu bleiben und mich immer wieder auf diese Absicht auszurichten, sollte sie mir einmal abhanden gekommen sein. Alles, was ich denke und tue, soll in Übereinstimmung mit der Wahrheit sein, soll aus Liebe zu mir selbst und zum Ganzen erwachsen und mit einer tiefen, spirituellen Freude verbunden sein.
Meine Absicht ist klar, wenn ich mich zuallererst auf Wahrheit, Liebe und Freude fokussiere, noch bevor ich auf äußere Sehnsüchte und Verlockungen schaue: auf Romanzen, Geld und Ruhm. Ich verzichte auf alles, was falsch, unwahr, unauthentisch, lieblos und freudlos ist. Damit löse ich mich aus dem Komplizierten und Vielschichtigen, aus Verstrickungen und Manipulationen und gehe ins Einfache, Klare, Eindeutige, Folgerichtige. Auf diese Weise gelange ich in den Fluss der Lebensenergie und in den Zustand der Glückseligkeit. Meine Vision wird klar, meine Aufmerksamkeit geschärft und meine Vitalität gestärkt.

Daher übernehme ich die volle Verantwortung für mein Handeln und für die Konsequenzen meines Handelns. Ich übernehme jetzt, in der Gegenwart, die Verantwortung für alles, was in meiner Vergangenheit geschehen ist.
Was geschehen ist, kann ich nicht rückgängig machen. Doch habe ich die Möglichkeit, die Verantwortung dafür zu über-

nehmen und damit ein erwachsenes, reifes menschliches Wesen zu werden. Nur wenn ich die Verantwortung für meine eigene Geschichte übernehme und mich nicht weiterhin als Opfer fühle, kann ich auch die Verantwortung für den Augenblick übernehmen, und zwar vollständig. Nur indem ich die volle Verantwortung für mein Denken und Handeln übernehme, kann ich ein freier, wahrer und ganzer Mensch werden. Tue ich das nicht, bin ich dazu gezwungen, meine Konditionierungen und Programmierungen auszuagieren und dadurch anderen Menschen Leid zuzufügen. Das ist Samsara, das ist die Hölle. Und ich entscheide mich hier und jetzt, mich aus dieser Hölle zu verabschieden.

Ich entscheide mich hier und jetzt, dem Ruf meiner Sehnsucht zu folgen, mich von der Lebensenergie tragen zu lassen und – egal was ich tue – nicht eher zu ruhen, bis ich den »Punkt gefunden habe«, an dem meine innere Stimme mir sagt: »Ja, so ist es gut.«

Deshalb stelle ich mich allem, was mir das Leben bringt, und vermeide nichts, was getan werden muss. Ich bin bereit, allem gegenüberzutreten und nichts zu vermeiden – jede Minute, überall und unter allen Umständen. Dies ist der natürliche Ausdruck eines befreiten Bewusstseinszustandes und der tiefste Ausdruck der Liebe zu mir selbst und zum Ganzen. Im Zustand der Freiheit gibt es den Wunsch nicht mehr, etwas zu vermeiden, nicht einmal für einen kurzen Augenblick.

Sich allem zu stellen bedeutet, ausnahmslos allem gegenüberzutreten: nicht nur meinen Schattenseiten und negativen Impulsen, sondern auch der unendlichen Tiefe meines Selbst, meinem eigenen unermesslichen Potenzial. Wenn ich Wahrheit, Liebe und Freude zu meinen Wegweisern mache, werde ich automatisch aufmerksam und wachsam. Und diese Eigenschaften befähigen mich, stimmig zu handeln und die richtigen Dinge zu tun.

Wenn ich einen folgenschweren Fehler begehe, bedeutet das, dass ich nicht achtsam war. Und der einzige Grund, wa-

ÜBUNG rum ich nicht achtsam war: Ich habe aus irgendeinem Anlass noch Angst vor der Freiheit der Liebe.

Ich entscheide mich hier und jetzt, die Dinge und Situationen, die mir im Leben begegnen, nicht persönlich zu nehmen.
Jeder Aspekt der persönlichen menschlichen Erfahrung wurzelt in der unpersönlichen, geistigen Natur des Menschen und aller Existenz. Jeder Mensch lebt in seinem eigenen Traum, ist Schöpfer seiner eigenen Wirklichkeit. Es ist nicht wichtig für mich, was andere über mich denken, und ich nehme das, was sie denken, nicht persönlich.
Selbst die Meinungen, die ich über mich selbst habe, müssen nicht notwendigerweise wahr sein.
Die Wahrheit offenbart sich in Liebe und Freude. Alles, was nicht Wahrheit, Liebe und Freude ist, beruht auf Trennung, ist eine Illusion, für deren Aufrechterhaltung ich nicht länger meine Energie einsetze.

Momente der Ganzheit

Ich bin ganz bei mir
und doch verbunden mit allem.

Vollkommenheit ist das harmonische Wechselspiel
von materieller Existenz und geistiger Essenz,
von Dualität und Einheit,
von Wirklichkeit und Wahrheit.

Materielles Leben und Bewusstheit,
Sinnlichkeit und Spiritualität
sind die zwei Schwingen des Phönix,
die beiden Flügel des verwirklichten Selbst.

Wir brauchen nicht auf das Omega der Erleuchtung warten, lautet die Frohe Botschaft des Integralen Zeitalters. Die Antwort ist die Vorwegnahme des Ziels. Indem wir uns für die Eine Bewegung »ent-scheiden« und die volle Verantwortung für ein Leben in Liebe übernehmen, können wir schon jetzt Ganzheit und Vollkommenheit erfahren, hier in diesem Augenblick; eine Ganzheit, die sich jeden Augenblick neu und immer anders präsentiert und das Leben zu einem faszinierenden Abenteuer macht.

Woran können wir Ganzheit erkennen? Wie sieht sie aus?

Jeder kennt Momente der Ganzheit, vollkommene Augenblicke, Sternstunden des Glücks. Es gibt die großen Ganzheitserlebnisse wie die Geburt eines Kindes oder den Tod eines nahen Menschen; das Erreichen eines lang gehegten Traums, für dessen Verwirklichung man alles gegeben hat; eine Himalaya-Gipfelbesteigung oder eine vollkommene sexuelle Vereinigung; kollektive Ganzheitserlebnisse wie den Fall der Berliner Mauer oder die Ausrufung des Friedens nach einem Krieg. Diesen Erlebnissen ist gemeinsam, dass alle Ebenen unseres Selbst *gleichzeitig* zum Schwingen kommen: Körper, Seele und Geist, Gedanken und Gefühle, Herz und Verstand, Sinne und Empfindungen. Wir fühlen uns eins mit uns selbst und eins mit dem Hier und Jetzt. Was war und was sein wird, interessiert uns in solchen Augenblicken nicht. Es gibt nur die Intensität des Jetzt, die uns vollständig erfasst. Es sind Momente der Ergriffenheit.

Aber auch im Alltag erwarten uns Momente der Ergriffenheit. Den ganzen Tag über möchte dich Ganzheit ergreifen. Jede Sekunde wartet sie darauf, dich mit ihrer Fülle beschenken zu dürfen. Ja, sie will von dir ergriffen werden, weil sie sich sonst nicht *äußern* kann. Sie braucht dich, damit sie in die Vielfalt der Welt treten und sich dadurch selbst erkennen kann. In jedem Wesen *äußert* sie sich auf eigene, einzigartige Weise.

Schon morgens, wenn ich aufwache und im Halbschlaf die ersten Ideen einströmen, die zunächst nur nacktes, intuitives Ahnen sind, fühle ich mich von der Ganzheit ergriffen. Ich spüre die Präsenz eines Ozeans von Bewusstsein, in dem ALLES enthalten ist und der mich gleichzeitig durchdringt. Es ist eine Wissensfülle, in der ich baden kann. Es ist mein geistiges Bad in den frühen Morgenstunden. Mich in der Entspannung des vorangegangenen Schlafes wiegend, lässt ES mich einfach »schauen«. In dieser Phase zwischen Schlafen und Wachen, zwischen Sein und Nichtsein bin ich wie ein Kanal. Es strömt ein, was ich brauche, und bringt die Antworten, die ich suche. Alles, was ich später während des Tages aufschreibe, erscheint in dieser Phase. *Amo ergo sum*, die *Herzensqualitäten*, dieses Arbeitsbuch ... alle meine Bücher und Konzepte sind auf diese Weise entstanden. Sie haben sich einfach in mein Hohes Selbst ergossen.

Ganzheit erlebe ich auch, wenn ich beim Frühstück sitze, eine Kerze brennt und plötzlich die frühmorgendliche Inspiration zu Worten gerinnt; wenn sie Wirklichkeit wird, indem ich die Worte notiere, manchmal wie wild schreibe und dabei eine ekstatische Freude empfinde – die Freude am Erschaffen, am Hervorbringen. Auch in diesen Augenblicken bin ich eins. Es gibt keine Trennung zwischen mir, den Worten und dem geistigen Urstoff, der gerade durch Worte greifbar und erlebbar wird.

Dann beim Frühsport im Park, wenn ich in die unberührte Atmosphäre des Morgens eintauche, fühle ich auch da die Tiefe der Ganzheit. Ich vermeine, die Kraft der Bäume in mir selbst zu spüren, die wie stumme Beobachter die Landschaft überragen. Alt wie Methusalem fühle ich mich in solchen Momenten; und manchmal kommt es mir vor, als würde die ganze Menschheitsgeschichte an mir vorbeiziehen, während ich Baum bin, Zeuge all dieser Schicksale. Alle gehen sie hier vorüber, nur der Baum bleibt stehen, fest verankert in seinem Grund, weder bewertend noch beschönigend. Und doch ist er nicht unbeweglich. Seine Äste, Zweige und sein Blattwerk wiegen sich sanft im Wind. Hingebungsvoll tanzen sie den kosmischen Rhythmus, ohne gegen die Eine Bewegung ankämpfen zu wollen. Ebenso geht es dem Bach, der einfach dem Drängen seines innersten Impulses folgt. Er stellt keine Fragen nach dem Woher und Wohin, nach seinem Ursprung und seinem Ende. Indem er sich dem Bewegungsimpuls überlässt, *spürt* er sein Ziel, *weiß* er um seine Herkunft – jeder Tropfen in ihm weiß es. Welche Lebendigkeit ihm das gibt, welche Unmittelbarkeit, welches Singen!

Ich atme die Energie meines Baches ein, bin eins mit ihm. Ohne Fragen und Wollen überlasse ich mich dem Strom der Kraft, der mich bewegt, und ich plätschere trabend dahin, hüpfe und springe, wirbele und sprudele.

Die Natur sieht jeden Tag anders aus, ihre Farben und Klänge verändern sich, ihre Temperaturen passen sich dem Ganzen an. ES wächst und vergeht. Aber es vergeht nicht für immer, sondern kommt von neuem hervor, noch schöner, noch prächtiger – so zumindest mein Eindruck. Von Jahr zu Jahr scheint sich meine Empfindung zu verstärken, erscheint mir alles noch strahlender, deutlicher, klarer, farbiger, facetten- und nuancenreicher. Die Natur ist für mich ein einziger Beweis für die Präsenz einer allgegenwärtigen Ordnung. Würde der Kosmos auch nur eine einzige Sekunde bestehen bleiben, wenn es diese subtile Ordnung nicht gäbe? Wäre nicht alles statisch, tot, wenn die Eine Bewegung nicht ALLES zum Leben erwecken würde? In der Natur, ja, da rührt sich das Staunen in mir, da offenbart sich das Mysterium in jedem Augenblick neu. In diesen Momenten empfinde ich eine tiefe Andacht. Meine morgendliche Kontemplation findet statt, während ich laufe, während der Schweiß durch meine Poren tritt und in der kühlen Morgenluft verdampft – ins All, ins Nichts. Morgens beim Laufen weiß ich, dass ich ein tief religiöser Mensch bin – ohne Frömmigkeit, religiös durch die Tatsache, dass ich ganz bei mir bin und doch verbunden mit allem; mit allem, was ich wahrnehme, egal ob Tier, Pflanze oder Stein. Das, was ich betrachte, ist nicht außerhalb von mir. Ich betrachte es mittels meines Bewusstseins. Es tritt durch die Tore meiner Sinne in mich ein, und daher ist es *in mir.* Ohne Betrachter gäbe es nichts zu betrachten. Das wahrgenommene Bild ist *in mir,* entsteht durch mich, durch die Kraft meiner Aufmerksamkeit. Und dieses Bild bleibt in meiner Erinnerung – für immer. Irgendwann einmal wird es wieder auftauchen, vielleicht am Ende meines Lebens, nur um mir zu zeigen: Es gibt im Innersten keine Zeit und keinen Raum, Vergangenheit und Zukunft sind im Gefäß der Gegenwart verwahrt. Jetzt. Hier und jetzt. Wo ich hinblicke, sehe ich das Ewige: in der Einzigartigkeit das immer Gleiche, in der Vielfalt das Eine. In diesen »Augen-Blicken« fühle ich mich erhoben. In diesen Augenblicken durchströmt mich eine überwältigende Liebe, und ich bin einfach nur glücklich.

Vollkommen glücklich bin ich auch in meiner Arbeit mit Menschen. Sie erlaubt es mir, in deren Innerstes zu schauen, in ihre unendliche Tiefe und ihr einzigartiges Potenzial. Jeder Mensch hat ein ganz besonderes Bündel an Fähigkeiten und Fertigkeiten, Qualitäten und Wesensmerkmalen. Jeder Mensch ist ein Ganzes im Ganzen. Jeder Mensch erfährt Glück, Erfüllung, Wahrheit und Liebe, wenn er in der Tiefe berührt wird, wenn die Tür aufgeht und er sich selbst erkennt. Menschen dorthin begleiten zu dürfen, macht mich glücklich. »Eigentlich hast du den schönsten Beruf«, meinte kürzlich ein Seminarteilnehmer. Ja, das stimmt. Und gleichzeitig ist es in *allen* Berufen möglich, sich zu begeistern. Mitfühlend und in gegenseitiger Übereinstimmung zu sein. In jedem Beruf, in jeder Beziehung, in jeder Partnerschaft ist dies möglich. Überall und immer steht uns diese Möglichkeit zur Verfügung. Alles, was wir tun müssen, um in den Strom der Gnade zu gelangen, ist, uns für die Liebe statt für das Trennende zu entscheiden. Diese Verantwortung bleibt uns jedoch nicht erspart. Diese Schritte müssen wir tatsächlich selber gehen. Nicht morgen, sondern heute, jetzt. Wir können das Paradies in diesem Augenblick herholen. Doch dürfen wir es nicht festhalten. Die Eine Bewegung verlangt danach, Liebe und Ganzheit stets neu zu ergreifen. Vollkommenheit ist eine sich stets erneuernde Vollkommenheit. Und genau das macht die Faszination des Lebens aus.

Wunderbar ganz sind auch die Stunden des Schreibens. Schreiben ist für mich sowohl tiefste Meditation als auch größte Erfüllung. Es geschieht in absoluter Entspannung und gleichzeitig in höchster Konzentration. Ich vergesse mich selbst dabei und bin doch völlig präsent – *durch* das und *in* dem, was aus mir herausfließt, drängt, ja, mich beherrscht in diesem Augenblick. Meist ist der schöpferische Impuls stärker als ich. Gehorche ich ihm nicht, lässt er mich nicht mehr in Ruhe. In der höchsten Bewusstheit gibt es tatsächlich nur noch eines: die innere Stimme, die Stimme des Ganzen. ES spricht. ES hört. ES fühlt und schmeckt den Geschmack der Wahrheit. ES sieht und erkennt – sich selbst. ES IST.

Diesen Punkt des ES IST erlebe ich beim Schreiben, wenn das Gefühl absoluter Stimmigkeit eintritt. Wenn es keinen Zweifel mehr gibt, ob das Geschriebene gut oder schlecht ist, sondern man »den Punkt« getroffen hat. Jeder Künstler kennt diesen Punkt. Seine innere Stimme lässt ihn nicht eher ruhen, bis er ihn gefunden hat. Es ist der Schnittpunkt zwischen der universellen Wahrheit und der persönlichen Wahrheit. Die ganze Bedeutung ist bereits gegenwärtig, ehe die Form erschaffen wird. Alles ist in uns, und wir sind in allem ...

Es gibt so viele Schätze in meinem Leben. Das größte Juwel ist meine Tochter. Sie ist das Geschenk meines Daseins. Natürlich ist es ihr unangenehm, dass ich davon schreibe; aber ich kann sie an Stellen wie dieser, wo ich über Momente der Ganzheit spreche, nicht weglassen. Sie ist ein Stück von mir und doch ein so eigenständiges Wesen.

Und meine Reisen ... Reisen bedeutet Loslösung. Loslassen des Alltags und seiner Gewohnheiten. Entdecken der Freiheit. Reisen ist sinnliches Erleben, Freude, Genuss, Erfüllung im Jetzt, die Erfahrung inneren Reichtums. Reisen heißt: die Welt in sich aufnehmen, verstehen und daran wissend werden; Erweiterung des ganzen Seins durch das Erkennen der Welt in dir ...

Die totale Erfahrung des Lebens machen

Das Leben kann herrlich sein – voller Freude und Glück. Glücklich zu sein, ist unser natürlicher Zustand. Die Liebe erlaubt es uns, dass wir uns voll auf das Abenteuer Leben einlassen und bedingungslos auf Veränderungen, Einladungen und Herausforderungen eingehen. Die totale Erfahrung des Lebens zu machen, ist der eigentliche Inhalt unseres Hier-Seins. »Ich bin ganz bei mir und trotzdem verbunden mit allem.« Sie kann ein »Wunder-volles« Abenteuer sein.

Jeder Tag bringt uns neue Gelegenheiten. Erlauben wir es uns, achtsam wahrzunehmen, was uns das Leben bietet; öffnen wir uns und werden bereit, Neues zu wagen: Dann können Dinge passieren, die wir uns bisher kaum vorstellen konnten.

Jede Lebenssituation birgt die Chance des Wachstums in sich und kann eine Etappe auf dem Weg zur Vollkommenheit werden. Das Geheimnis der totalen Erfahrung liegt darin, ausnahmslos alle Umstände und Begebenheiten als maßgeschneiderte Lektionen zu betrachten. Nicht nur die positiven Erlebnisse führen uns weiter auf diesem Weg. Nein, auch die schmerzvollen – wie Ärger und Wut, Verletzung und Krankheit – vermitteln uns wertvolle Erfahrungen. Entweder lernen wir etwas darüber, wo wir uns selbst verändern müssen, oder sie erwecken neue Fähigkeiten und Qualitäten, die wir ab nun in unsere Lebenspraxis mit einbeziehen können. Alles, was uns die Schule des Lebens zuspielt, kann genutzt werden, um zunehmende Bewusstheit und schöpferische Souveränität zu erlangen und immer mehr Herzensqualitäten zu trainieren.

Letztendlich können wir über die Möglichkeit des Lernens nur dankbar sein. Wenn wir die Wurzel eines Problems erkennen und beherzigen, verwandeln wir alles, was geschieht, in eine konstruktive Lektion. Deshalb sollten wir uns darüber freuen, wenn wir durch die Umwelt oder durch andere Menschen »korrigiert« werden. Es hält uns lebendig und gibt uns die Gelegenheit, Wahrheit, Liebe und Freude in die Praxis umzusetzen. Es verhilft uns, zunehmend wahrhaftig zu sein. Lernen ist ein wesentlicher Teil der totalen Erfahrung.

Der andere Teil ist Kreativität. Kreativität macht unser Leben zu einem Abenteuer, verleiht ihm Farbe, Lebendigkeit und Vielfalt. Hast du dir schon einmal überlegt, wie groß die Welt ist, welche Fülle sie dir bietet und wie viele Überraschungen sie für dich bereithält? Wenn du das wirklich ahnen würdest, hättest du keine Angst mehr. Dann würdest du die Möglichkeiten erkennen, die jederzeit auf dich warten. Für mich ist es beruhigend und wunderbar zugleich zu wissen: Sollte meine jetzige Existenz aus irgendwelchen Gründen einmal zusammenbrechen, wird es doch immer weitergehen – irgendwo auf diesem Planeten. Wer im Fluss der Einen Bewegung treibt, wird oft unter den verrücktesten Umständen an *seinen* Platz im Ganzen getragen. Und, sei einmal ehrlich: Wenn du einen Roman lesen möchtest, dann suchst du dir doch auch keinen langweiligen aus, sondern einen, der mit allem gewürzt ist, was das Leben zu bringen vermag – mit der totalen Erfahrung eben. Was zögerst du also noch, dich voll auf das Leben einzulassen, kreativ teilzuhaben an der göttlichen Komödie des Seins und dich vom Strom der Lebensenergie mitreißen zu lassen? Was hindert dich daran, dich mit deiner ganzen Leidenschaft an das Licht hinzugeben, das durch deine Wirklichkeit leuchten möchte? Das Leben wartet darauf, durch dich und dein Bewusstsein in der schönsten Form gestaltet zu werden, die du dir vorstellen kannst.

Die Ent-Scheidung ist das Alpha und Omega des Weges. Der Weg beginnt mit einer Entscheidung. Durch Entscheidungen ergeben sich die einzelnen Schritte, und jeder Schritt führt wieder einer Ent-Scheidung entgegen. Und schließlich endet der Weg in einer Ent-Scheidung: Eines Tages – meist dann, wenn du es gar nicht erwartest – geschieht ES, und du wirst aus Zeit und Raum enthoben in den Zustand der Einheit jenseits von Trennung, Wandlung und Tod.

Nun befindest du dich am Point Zero der Freiheit, und diese Freiheit ist eine radikale Freiheit – die Freiheit jenseits der Wahlfreiheit. Einmal an diesem Punkt angelangt, wirst du nicht mehr anders können, als dem Ruf der inneren Stimme zu folgen. Du wirst keine andere Wahl mehr haben, als dich dem Hohen Selbst anzuvertrauen und dich den universellen Kräften hinzugeben, die – *durch dich* – auf eine ganz einzigartige Weise wirken wollen. *Durch dich* manifestiert sich die Wahrheit in der Welt der Form, und *du* wirst zum lebenden Zeugnis des GEISTES.

GEIST – Gott – beweist sich selbst durch das Bewusst-Sein einer »bewusst gewordenen« Persönlichkeit.

Wir sind dann dauerhaft im Bewusstseinszustand der Liebe und der ständigen geistigen Durchdringung, wenn alle unsere Anstrengungen erschöpft und alle Techniken überflüssig geworden sind, wie sie in diesem Buch beschrieben werden. Dann erkennen wir, dass dieses so unerreichbar scheinende »Hier und Jetzt« ganz einfach hier ist, jetzt. Dann erkennen wir, dass wir jederzeit am richtigen Platz sind, dass der Weg das Ziel ist und der Prozess zum Zustand geworden ist. Wir erkennen, dass Sein und Werden im liebenden Selbst zum ewigen Jetzt verschmelzen. Dass Liebe tatsächlich der Weg, die Wahrheit und das Leben ist.

Doch sollten wir uns niemals der Illusion hingeben, je genug gelernt zu haben. Selbst wenn Erleuchtung und Meisterschaft erlangt sind, geht das Wachstum weiter – in immer subtilere Bereiche des Erkennens und des Erschaffens von Schönheit hinein. Spirituelles Wachstum hört niemals auf. Die totale Erfahrung ist eine nie endende Erfahrung. Es ist die immer neue Erfahrung des Werdens – durch die Kraft der Liebe.

Auf diese Weise ist *Amo ergo sum* ein Gelübde, das für die Ewigkeit gilt.

Anhang

»Der Mensch von morgen wird ein Liebender sein, oder er wird nicht mehr sein«

Anne Devillard im Gespräch mit Christina Kessler

Erschienen in den Zeitschriften:
NATUR & HEILEN 10/2002
NOVALIS 2/2003
VISIONEN 4/2003
FRAUEN AB 40 3/2003

Ihr Buch »Amo ergo sum. Ich liebe, also bin ich« wurde kurz nach seinem Erscheinen Ende 2002 auf dem Kongress »Unity in Duality« in München vorgestellt, zu dem S. H. der Dalai-Lama als Ehrengast geladen war, und hat sofort eine enorme Resonanz ausgelöst. Womit lässt sich dies erklären?

Das liegt wohl daran, dass das Buch den Nerv der Zeit trifft und Antwort auf viele der Fragen gibt, die gegenwärtig in uns allen brennen. Wir leben in einer Phase des Wandels – eines Wandels auf allen Ebenen –, der sich schon seit langem anbahnt, sich gegenwärtig jedoch immer mehr zuspitzt. Die ganze Welt ist aus den Fugen geraten. Damit meine ich nicht nur die äußere Welt mit ihren Kriegen, Krisen und Katastrophen, mit der allgegenwärtigen Furcht vor Terroranschlägen und den bedrohlichen Auswirkungen eines zerstörten Gleichgewichts der natürlichen Umwelt, sondern auch – und vor allem – die Innenwelt des Einzelnen. Der heutige Mensch ist von seinem Wesenskern abgeschnitten und damit von seiner ureigensten Kraft und Stärke getrennt. Es fehlt ihm an Vertrauen, an Vertrauen in sich selbst und in die Welt, die ihn umgibt. Und das nicht zu Unrecht, denn unsere Beziehungen sind lieblos geworden, weil sich das menschliche Miteinander fast ausschließlich auf Konkurrenz, Besser-Sein-Wollen und Ausbeutung der Schwächeren gründet. Der typische Mensch von heute ist desorientiert, anfällig für Manipulationen und schlichtweg überfordert. Um den Wandel konstruktiv bewältigen zu können, müssen wir jedoch in unseren unwandelbaren Wesenskern zurückkehren und unsere wahre Identität dort verankern. Menschen kommen mit dem Wandel nur zurecht, wenn sie diesen Kern gefunden haben. Der Schlüssel zur Wandlungsfähigkeit liegt in jenem unwandelbaren Gefühl dafür, wer wir wirklich sind und wohin unser Lebensweg führt.

Auf der anderen Seite spüren heutzutage immer mehr Menschen, dass es durchaus möglich ist, diesen Kern zu erreichen und aus ihm heraus das Leben selbstbestimmt und selbstverantwortlich zu gestalten. Diese Menschen ahnen, dass sie, indem sie ihr wahres Selbst ernst nehmen und verwirklichen, nicht nur ihr eigenes Leben zum Positiven verändern, nicht nur ihr ureigenes Potenzial entfalten und dadurch persönliche Erfüllung finden, sondern gleichzeitig zur Entfaltung einer besseren Welt und einer neuen Wirklichkeit beitragen werden. Diese Ahnung liegt in der Luft. Die Symphonie des Neuen ist bereits zu vernehmen. Wir wissen nur noch nicht, mit welchen Instrumenten wir sie spielen sollen, *wie* wir es anstellen sollen, dorthin, in unseren innersten Wesenskern, zu gelangen.

Bisher war es meist die Aufgabe der Weisheitstraditionen und Religionen, diese Frage zu beantworten, und der Weg führte zu Gott. Heute jedoch haben viele Menschen keinen Zugang mehr zu Gott.

Hier taucht überhaupt die Frage auf: Was ist Gott?

Zunächst einmal ist Gott nichts weiter als ein Wort, ein Begriff. Es ist der Ausdruck, den der Mensch erfand, um das Vollendete, ewig Gültige, Allumfassende, den letztendlichen Superlativ, die höchste Macht, die Quelle aller Ursachen, kurz das Absolute, zu beschreiben. Göttlichkeit ist ein Synonym für Vollkommenheit.

Wenn wir die verschiedenen Gottesvorstellungen der Geschichte und der Kulturen betrachten, stellen wir fest, dass diese sehr unterschiedlich waren und sind. So gab es in den archaischen Stammesgesellschaften eine Vielzahl an Göttern, welche die Naturkräfte personifizierten, von denen der Urmensch völlig abhängig war. Er betrachtete den gesamten Kosmos als beseelt. In der Phase des frühen Pflanzertums, als die Menschen sesshaft wurden und sich ein Stück äußerer Sicherheit erworben hatten, taucht dann das Bild der »Großen Mutter« oder »Großen Göttin« auf – die *vollkommene* Ikone von Fruchtbarkeit und Wachstum, von Eigenschaften also, die während dieser Epoche als Leben spendend angesehen wurden. Während der vergangenen 3000 Jahre unserer Menschheitsgeschichte herrschte das Patriarchat mit den höchsten Vorstellungen von männlich orientierter Autorität. Der daraus entstehende Gottesbegriff war der des allmächtigen Vatergottes, der jenseits aller Existenz im Himmel thront, und den man erst *nach* dem Tod und *nach* einem Leben der Selbstaufgabe erreichen konnte.

Im Verlauf des Patriarchats wurde »Gott« also immer weiter in die Ferne projiziert, nach außen, in den Himmel – und zwar von den Menschen selbst.

Mit ihm wurde aber auch das Prinzip Vollkommenheit nach außen projiziert und dadurch von uns selbst abgetrennt. Letztlich bedeutet das, dass wir auch die Selbstbestimmung für unseren Lebensweg und die Selbstverantwortung für unser Glück damit abgegeben haben.

Es ist sehr wichtig zu verstehen, dass alle Gottesvorstellungen der Kulturen deren Vorstellungen von Vollkommenheit widerspiegeln – also wirklich deren *höchste* Vorstellung. Und diese höchste Vorstellung ist gleichzeitig der Ideal-Maßstab, dem der Mensch sich anzunähern versucht. Der Ausdruck »Gott« reflektiert somit unsere höchste Vorstellung vom Ganzen und gleichzeitig die höchste Vorstellung von uns selbst als einem Individuum. Liegt diese Vorstellung außerhalb von uns selbst, werden wir auch im Außen nach Vollkommenheit suchen – in Besitz, Geld, Ruhm und

Status. Dort werden wir sie jedoch niemals auf Dauer finden. Unvergängliches Glück und dauerhafte Sicherheit finden wir nur in uns selbst. Diese Erkenntnis, die von den großen Weisen der Geschichte schon immer verkündet wurde, hat das patriarchale Paradigma für uns alle sichtbar *bestätigt*. Es ist sozusagen dessen kollektive Morgengabe an die neue Welt. Der neue Mensch ist daher aufgerufen, diese Vollkommenheit in seinem Inneren zu entdecken und seine höchsten Vorstellungen auf sein wahres Selbst auszurichten.

Im Hohen Selbst sind wir zugleich in die kosmische Ganzheit und in unser höchstes Potenzial gebettet.

Diese höchste Vorstellung von uns selbst dient uns also als Ausrichtung für unser Leben und fungiert als Richtschnur für unser Denken, Verhalten und Handeln.

Richtig. In dem Moment, wo wir es uns selbst erlauben, unsere höchste Vorstellung anzunehmen und zu leben – und dabei nach innen gehen –, geschieht plötzlich etwas Außerordentliches: Wir treten in ein Kraftfeld ein, in dem wir Zugang zu unserem höchsten Potenzial bekommen. In diesem Kraftfeld liegt die Quelle unserer individuellen Schöpferkraft, unseres Wesenssterns, unseres Genius.

Im *höchsten Ausdruck* unseres Selbst geschieht dann etwas noch Ungewöhnlicheres; dann verschmelzen wir mit dem Ganzen und werden eins mit der dort herrschenden immerwährenden Ordnung. Die Mechanismen des schöpferischen Prozesses übernehmen die Leitung. Es existieren zahllose Beispiele von Menschen, Künstlern und genialen Persönlichkeiten, die in dieses Kraftfeld eintauchten und es mit konkreten Plänen wieder verließen. Friedrich Nietzsche z. B. tauchte in die »kreative Ekstase« ein, als er an seinem Meisterwerk »Also sprach Zarathustra« schrieb. Theresa von Avila brachte aus diesem Feld ein immenses Wissen für die Umorganisation der religiösen Orden Spaniens zurück. Hildegard von Bingen gewann dort den tiefen Einblick in das Wesen von Gesundheit und Krankheit und hinterließ der Nachwelt Anweisungen für neue Behandlungsmethoden und Heilmittel. Beethoven, Leonardo da Vinci, Goethe, Einstein, sie alle waren in dieses Kraftfeld eingetaucht und bezogen ihre genialen Inspirationen aus ihm.

Im Moment höchster Verwirklichung überwinden wir die begrenzte Identität, die uns von Geburt an auferlegt wurde. Indem wir unsere höchste Vorstellung anerkennen, entlocken wir dem Kraftfeld die benötigte Nahrung, um sie sogleich verwirklichen zu können. Wir werden Zeuge einer alles durchdringenden Kraft, die auch uns ständig trägt.

Daher ist die Sehnsucht nach Vollkommenheit die Musik, die zwischen uns selbst und der Welt erklingt. Die Bedürfnisse des Selbst sind die Töne, die Bedürfnisse der Welt die dazugehörenden Obertöne. Gemeinsam stellen sie die unterschiedlichen Wellenlängen desselben Dranges nach Vollkommenheit, desselben sehnsuchtsvollen Liedes dar. Was das Selbst braucht, braucht auch die Welt. Daher ist es wichtig für die Welt, dass wir bekommen, wessen wir bedürfen.

Liebe ist die bindende Kraft zwischen innen und außen

Was Sie sagen, hört sich an, als gäbe es eine einladende Hand, die uns in unsere Mitte führen möchte.

Ja, genau. Und diese einladende Hand ist die Liebe. Ergreifen wir sie, werden wir automatisch nach innen geführt, in das tiefste, wahre Selbst, wo wir die Verbundenheit alles Seienden, den Urgrund der Wahrheit erkennen. Indem wir dieses Selbst verwirklichen – sprich: authentisch leben und in der Wahrheit handeln –, können wir wesentlich dazu beitragen, eine Wirklichkeit zu erschaffen, die auf dem starken Fundament einer Kultur des Herzens *und* der Vernunft ruht. Liebe schafft somit eine tragende Brücke zwischen innen und außen, Mensch und Welt, zwischen den Bedürfnissen des Einzelnen und den Bedürfnissen des Ganzen. Sie schafft im wahrsten Sinne des Wortes Harmonie, Balance. Würden alle Menschen auf diesem Planeten ihrer tiefsten Sehnsucht nach Liebe und Vollkommenheit folgen, könnten wir buchstäblich das Paradies auf Erden erschaffen.

Bisher haben wir diese Tragweite jedoch nicht erfasst. »Liebe« blieb stets auf ihre einzelnen Facetten beschränkt und auf die Gefühlsebene reduziert.

Liebe in ihrer höchsten Form hat jedoch weder etwas mit einer naiven Gefühlsduselei noch mit Erwartungen an andere, noch mit manipulativen Täuschungsmanövern, die nur zu »Ent-Täuschungen« führen, zu tun. Liebe überbrückt Gegensätze, aber sie ist kein Tauschgeschäft. Liebe verlangt nicht, und sie fordert nicht. Echte Liebe ist bedingungslos und entsteht aus uns selbst heraus. Von dort strömt sie nach außen, an ausnahmslos alles und jeden, ungeachtet seiner Herkunft, Rasse oder Religion. Erst dann können wir von Liebe sprechen.

Liebe lässt Verantwortung in uns entstehen, Mitgefühl und Schönheit, Erfüllung und Glück. Sie allein vermag Gegensätzliches zu integrieren und eine Synthese aus allem Vorhandenen zu schaffen. Sie allein lässt uns den »großen Zusammenhang« erkennen.

Liebe ist also ein Bewusstseinszustand und gleichzeitig eine Lebenspraxis.

Verstanden in ihrem weitesten Sinne sollte sie der primäre Bezugspunkt sein, auf den sich die heutige Welt ausrichten muss. Das würde einen nie da gewesenen Sprung in unserer Bewusstseinsentwicklung ermöglichen. Hierin liegt die einzigartige Chance für eine Veränderung unserer gegenwärtigen Situation. Keine noch so faire Politik wird auf Dauer Erfolg bringen, solange sie nicht von diesem Bewusst-Sein getragen wird. Die Verwirklichung des Einzelnen in der Liebe ist letztendlich unumgänglich, wenn wir dauerhaften Frieden erleben wollen. Der wahre Fortschritt unserer Zeit liegt in der Rückkehr zu uns selbst.

In ihrer ursprünglichen Form waren alle Religionen Wege der Liebe

Das heißt, wenn wir uns selbst schaden, schaden wir auch der Welt.

So ist es. Wenn wir dagegen der Sehnsucht nach Vollkommenheit folgen und die höchste Vision von uns selbst verwirklichen, die nur durch die Liebe und in der Liebe zu erreichen ist, entfalten wir die Wahrheit in unsere Wirklichkeit hinein, selbst wenn wir diese Wahrheit noch nicht vollständig erfassen können. Diese Wahrheit lässt sich nämlich nicht erfassen. Sie lässt sich in ihrer Absolutheit nur erfahren. Es handelt sich um jene Erfahrung, auf der alle Religionen und Weisheitstraditionen gründen, nämlich die mystische Erfahrung. Diese Erfahrung war immer und in allen Kulturen gleich und wurde von all denjenigen erlebt, durch deren Wirken die großen Religionen entstanden: Jesus, Buddha, Mohammed, Krishna ... Der Mystiker erfährt die Einheit aller Wesen und Erscheinungen, die Verbundenheit alles Seienden und verschmilzt schließlich selbst mit dem Urgrund der letztendlichen Wahrheit. Im Gegensatz zu den sich ständig verändernden und vergänglichen Wirklichkeiten der Existenz ist diese Wahrheit ewig, unumstößlich und unantastbar. In diesem Zustand der inneren Schau weiß der Mystiker – und dies ist eine durch nichts mehr zu erschütternde Gewissheit –, dass alles aus derselben unendlichen und alles umfassenden Liebe des GEISTES entstanden ist. Er erkennt sich als den Schöpfer seiner Wirklichkeit. Er erkennt sich selbst als GEIST, der sich in Liebe verströmt, jener Liebe, nach der wir alle mit größter Sehnsucht suchen, weil sie unaufhörlich in uns flüstert und uns immerfort zur Rückverbindung mit ihr auffordert, zur wahren »religio«. Hier und nur hier liegt der verbindende Kern der Religionen. Alle Religionen basieren auf dieser Erkenntnis. Alle Religionen sind in ihrer Ur-Form Wege der Liebe. Alle Religionen sind eine Antwort auf die Ur-Sehnsucht nach Vollkommenheit.

Hätten wir die exakten Wissenschaften nicht, die heute diese Erfahrung bis ins Detail bestätigen, würden wir das alles für reine Halluzination halten. Die neuen Wissenschaften jedoch, allen voran die

Physik, die seit Descartes das »Göttliche« in den Bereich der Religion verdrängt hat und damit der Ratio alleinige Gültigkeit zumaß, übernahm die Rolle der großen Vermittlerin von Wissenschaft und Mystik.

Es erfordert eine klare innere Entscheidung

Und so wurde aus Descartes berühmtem Motto »Cogito ergo sum – Ich denke, also bin ich« das verbindende »Amo ergo sum – Ich liebe, also bin ich«.

Der Mensch von morgen wird ein Liebender sein, oder er wird nicht mehr sein.

Das ist eine eindeutige Aussage! Es klingt, als ob wir keine Wahl mehr hätten ...

In der Tat haben wir keine Wahl mehr, weder als Weltseele noch als individuelle Seele. Und, wer einmal den Geschmack der Wahrheit geschmeckt hat, wird ihn sowieso nicht mehr loswerden. Den Weg der Wahrheit zu gehen, erfordert dann eine klare Entscheidung, die Entscheidung nämlich, die Kehrtwende nach innen, zur Mitte, zum Zentrum einzuschlagen. Der Schlüssel liegt in einem einfachen »Ja« – im Ja zu uns selbst, im Ja zu der Tatsache, dass wir und niemand anders die Schöpfer unserer Wirklichkeit sind. Im Ja zur Freiheit, die sich allein der Wahrheit verpflichtet fühlt, weil sie erst aus dieser Verpflichtung erwachsen kann, im Ja zur Liebe.

Ab dem Moment der Entscheidung ergreifen wir die Hand der inneren Führung, die uns nun nicht mehr loslässt. Die innere Stimme des Ge-Wissens erwacht. Diese Stimme ist nun unsere höchste Autorität. Von da an gibt es für uns keine Macht im Außen mehr, die uns zu sagen hat, wo es lang gehen soll. Die Gratwanderung beginnt, der Weg auf des Messers Schneide. Denn, da sich die Wahrheit stets im Augenblick entfaltet, und zwar immer wieder von neuem und immer wieder anders, gilt es, Aufmerksamkeit zu üben, in Achtsamkeit und Konzentration.

Und schließlich nützt es der Welt von heute nichts mehr, wenn wir diese Erkenntnisse nicht umsetzen. Die Welt schreit nach denjenigen, die diesen Bewusstseinszustand mit Leben erfüllen. Erst durch Handeln wird er zur »Wirk-lichkeit«, die weiter wirkt. Erst durch unser Tun kann er seine transformative Kraft entfalten. Jetzt sind wirkliche Fakten angesagt, die zu positiven Veränderungen in allen Lebensbereichen führen. Und das sind gelebte Toleranz, Würdigung und Wertschätzung unserer Mitmenschen und der Natur, die Entwicklung von Herzensqualitäten. Diese können wir hineintragen in gesellschaftliche Systeme wie Politik, Erziehungswesen, Wirtschaft, Industrie und Wissenschaft.

Wir sollten auch den »Feinden« da draußen die Arme öffnen. Wir sollten ihnen Gehör, Aufmerksamkeit und Mitgefühl schenken. Liebe war und ist die stärkste Macht der Menschheit. Liebe verwandelt und lässt uns wachsen, bis wir heil und ganz geworden sind. Es gibt keine stärkere Macht als die Liebe, ebenso wenig wie es einen Sieg jenseits der Liebe gibt.

Frau Kessler, wir danken Ihnen herzlich für dieses Gespräch.

Anmerkungen

1 Vor Jahren erlebte ich in einem Workshop eine Phantasiereise von Jean Houston, welche auch die Evolution zum Inhalt hatte. Diese Idee stand Pate für die folgende Übung.

2 Laut Elisabeth Kübler-Ross gibt es nur zwei natürliche Ängste: die Angst vor dem Fallen und die Angst vor extremer Lautstärke.

3 Harry Palmer, *Resurfacing, Techniken zur Erforschung des Bewusstseins,* J. Kamphausen, Bielefeld 1995, S. 79

4 Mit Dummheit ist nicht Einfachheit gemeint, sondern absichtlicher Starrsinn.
Mit Faulheit ist nicht Depression gemeint, sondern ein absichtliches Sich-nicht-bewegen-Wollen auf Kosten der anderen.

5 Diese Aussage wurde in den *Herzensqualitäten* untermauert.

6 Mit Ausnahme der tantrischen Richtungen.

7 *Die großen Arkana des Tarot* wurden anonym veröffentlicht. Die französische Originalausgabe erschien 1980 im Verlag Montaigne, Paris. Die deutsche Ausgabe erschien in vier Bänden beim Verlag Herder, Basel, 1983

8 Der Klarheit halber hier die ursprüngliche Fassung Tombergs:
Die fünf dunklen Strömungen = die fünf Wunden Christi im esoterischen Sinn:
1. der Wunsch größer und besser zu sein als ...;
2. der Wunsch zu nehmen (Gier);
3. der Wunsch festzuhalten;
4. der Wunsch, auf Kosten anderer vorwärts zu kommen;
5. der Wunsch, sich zu behaupten.

9 Osho, *Das orangene Buch,* Osho Verlag GmbH, Berlin, 1989, S. 39

10 Im Rahmen der Psychologie definieren wir das Selbst gewöhnlich als Gesamtheit von Körper, Seele und Geist, wobei wir den Begriff »Seele« im Sinne des fühlenden, empfindenden Ich und »Geist« (mind) im Sinne des mentalen Ich benutzen. Seit Descartes seinen berühmten Ausspruch »cogito ergo sum – ich denke, also bin ich« formulierte, ist

es vor allem der »mind« und seine Produkte, mit dem sich der moderne Mensch identifiziert und durch den er »Selbstverwirklichung« anstrebt.

11 Joseph Needham, *Science and Civilization in China,* Cambridge University Press, London, 1956, S. 566

12 ebd.

13 Diese etymologische Spielerei stammt von Roland Ropers.

14 Siehe *Herzensqualitäten – Die Intelligenz der Liebe.*

15 Diese Information stammt aus der Metamorphose-Therapie und wurde in *Amo ergo sum* noch nicht erwähnt.

16 Nach Elisabeth Kübler-Ross.

17 ... pflegt mein Freund Prof. Bernd Senf zu sagen, der an der Fachhochschule für Wirtschaft in Berlin unterrichtet und dort auch Kurse in Bioenergetik und Reichianischer Körperarbeit gibt.

18 Siehe *Herzensqualitäten – Die Intelligenz der Liebe.*

19 Siehe hierzu das Interview, das Anne Devillard und ich 2002 mit Ken Wilber in Denver geführt haben. Das Interview wurde in verschiedenen Zeitschriften publiziert und befindet sich in voller Länge auf meiner Webpage: www.christinakessler.com.

20 Aus *Herzensqualitäten – Die Intelligenz der Liebe.*

21 Frei übersetzt aus Ram Tzu: *No way – For the Spiritually »Advanced«,* Advaita press, 1990

22 Aus dieser Erkenntnis heraus entstand das Buch *Herzensqualitäten – Die Intelligenz der Liebe,* in dem es um ein neues, integrales Verständnis von Tugenden geht.

Amo ergo sum –
Seminare und Workshops

Wer Amo ergo sum lebendig erfahren und vertiefen möchte,
den lade ich herzlich ein zu meinen Seminaren und Workshops.

Auskünfte unter

www.christinakessler.com

oder bei

Amo ergo sum
Organisationsbüro
Am Erlbach 7
82386 Oberhausen

Hier können Sie auch die Doppel-CD

»Amo ergo sum –
Phantasiereisen und Meditationen zum Arbeitsbuch«

bestellen.